用心与孩子沟通，做个优秀的家长

梁常芳 著

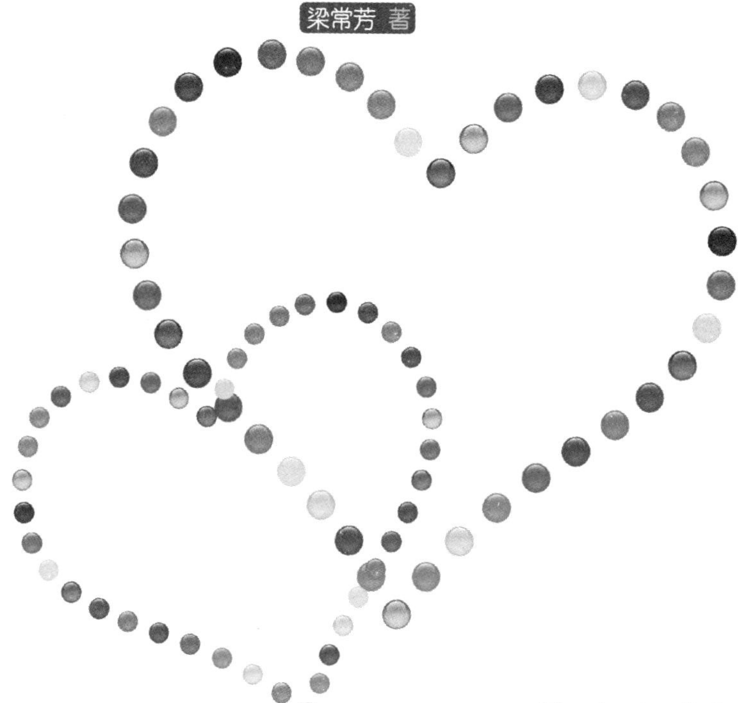

湖北长江出版集团
湖北教育出版社

(鄂)新登字 02 号

图书在版编目(CIP)数据

打动孩子心灵的沟通技巧/梁常芳著．—武汉:湖北教育出版社,2012.9(2020.11 重印)
ISBN 978-7-5351-6149-9

Ⅰ.打…　Ⅱ.梁…　Ⅲ.早期教育-家庭教育　Ⅳ.G78

中国版本图书馆 CIP 数据核字(2010)第 153949 号

出版　发行:湖北教育出版社　　武汉市雄楚大道 268 号
网　　址:http://www.hbedup.com　　邮编:430070　电话:027-83619605

经　销:新　华　书　店
印　刷:天津旭非印刷有限公司
开　本:880mm×1230mm　1/32　　8 印张
版　次:2012 年 9 月第 2 版　　2020 年 11 月第 7 次印刷
字　数:153 千字

ISBN 978-7-5351-6149-9　　定价:19.80 元

做父母需要学习

——《教子有方》丛书出版说明

《教子有方》丛书是一套荟萃父母们在养儿育女方面成功实践和经验的丛书，向为人父母者提供一些可操作的建议。

本丛书力图给父母传递的观念有以下两个：

好父母是孩子最好的老师。家庭是孩子的第一所学校，父母是这所学校的终身老师。好父母就像好老师一样，可以使孩子平安成长、健康成长、快乐成长，从而顺利实现望子成龙，望女成凤的良好夙愿。

好父母需要学习。不是穿了西服就变成了绅士，不是生了孩子就会做父母。要想成为好父母，必须不断地进行学习，与时俱进，与孩子一起成长。

本丛书是一个动态的开放的系统，我们衷心希望能有新的品种源源不断地加入进来，热烈欢迎各界教子有方的父母们把您的宝贵经验汇集成书，使您的经验福泽天下父母，也诚恳地盼望广大读者为本丛书提出宝贵意见和建议，编辑电话：(027)83666062，邮箱：shsh1111@126.com。

愿我们携起手来，共同托起明天的太阳！

目录
Contents

孩子不听话，很多父母会以为是孩子的原因。其实，原因不在孩子身上，问题出在父母这一边，大多数情况下，是父母还没有学会如何跟孩子说话。作为父母，我们要从尊重、赏识孩子的角度出发，了解孩子的心理，洞悉孩子内心的真正意图，才能把话说到孩子的心坎上。

记住：没有不听话的孩子，只有不会说话的父母。

和孩子说话要讲究方法，只有了解孩子的心理，抓住时机，使用恰当的说话方式，父母的话语才能被孩子接受，达到预期效果，使亲子沟通变得更加和谐。

第三章 倾听孩子心灵的声音

倾听是沟通的前提,父母只有倾听孩子内心的声音,知道孩子想什么、关注什么和需要什么,才能有针对性地给予关爱,才能使亲子沟通变得更加容易。

第四章 不要让语言伤害孩子

很多父母不知道,有时候,我们不经意间说的话,可能对孩子的心理伤害很大。如果我们不及时地认清这样做的危害,放弃这些不该说的话,那么受伤害的就不仅仅是孩子,还有和谐的亲子关系。

第五章　和孩子说话的七大禁忌

不良的沟通方式使父母与孩子的沟通是消极的、低效的。沟通的目的是教育、理解，而不是对抗和漠视，所以父母必须改变自己，让亲子间的沟通更有效。

第六章　让孩子学会倾听

倾听是一种修养，也是一种能力，为了孩子能够和自己更好地交流，为了孩子将来更好地与人交往，父母要从小培养孩子的倾听习惯，提高他们的倾听能力。

请用心与孩子交流

随着孩子渐渐长大，有些父母最发愁的就是和孩子说话。因为不管自己怎么说，总是得不到孩子的积极回应，父母的话就如耳畔刮过的一阵风，一点效果也没有。

问题到底出在哪里？这是一件值得父母好好反思的事情。

为什么同样一件事，有的父母说出来，孩子就能高兴地接受，痛快地去执行；而有的家长即使吼声如雷，连打带骂，孩子还是无动于衷，甚至产生逆反心理，与家长对着干？

教育专家告诉我们，与孩子说话并不是一件简单的事情。

我们应该问一问自己，在与孩子交流的过程中，是否用心感受过孩子的愿望和要求？是否耐心倾听过孩子的欢乐和烦恼？是否考虑过自己说话的方式孩子能不能接受？是否采用过高压的方式强迫孩子接受自己的话？是否想过自己的话可能无意间伤害了孩子的心灵？……

如果很不幸，这些情况存在于你和孩子的沟通中，那么你说的话，孩子听不进去是很正常的事情。因为说不到孩子心里的话，孩子怎么会听呢？

要想走出这种困境，父母必须学会用心与孩子交流。改变自己以前高高在上的家长作风，改变自己不恰当的说话方式。

首先，要懂得孩子的心。不要简单地认为孩子还小，有什么复杂的；或者自以为是地认为孩子是自己养大的，自己还不了解孩子吗？其实，孩子作为一个独立的个体，拥有自己的思想和人格，他需要父母的尊重、信任和赏识，他需要父母的关怀和理解。身为父母，我们要学会换位思考，要学会用心去倾听孩子的心声，只有我们懂得了孩子的心，我们的话才能说到他们心里。

其次，我们要采用恰当的说话方式。一味地用说教、命令、强迫、责骂等方式与孩子说话，孩子必然产生反感。我们需要根据孩子的年龄特点和所处的情绪状态，选择孩子喜欢的、易于接受的说话方式。可以是聊天讲故事，也可以是积极的暗示；可以是温情的鼓励，也可以是适当的批评；可以是口头忠告，也可以是书信交流。总之我们采取的说话方式必须为孩子所喜欢、所接受，而不是发自内心的排斥。

最后，我们一定要避免不当的言语。不当的言语对孩子的伤害超乎我们的想象，有的可能造成孩子终生的心理疾病。如果不及时地纠正，不但影响亲子间的沟通，还会影响家庭的和谐关系。

总之，父母与孩子的交流应该是心与心的交流，应该是“润物细无声”式的交流，这样才能达到教育的目的。那些不经意间打动孩子心灵的话语，才是父母最好的教育手段。

本书从生活实际出发，引导诸位家长认清“沟通”这门教育艺术，改善目前与孩子沟通的尴尬处境，把话说到孩子的心里，成为一名优秀的家长。

第一章 说到孩子心里去，孩子才会听

shuodao haizi xinli qu, haizi caihui ting

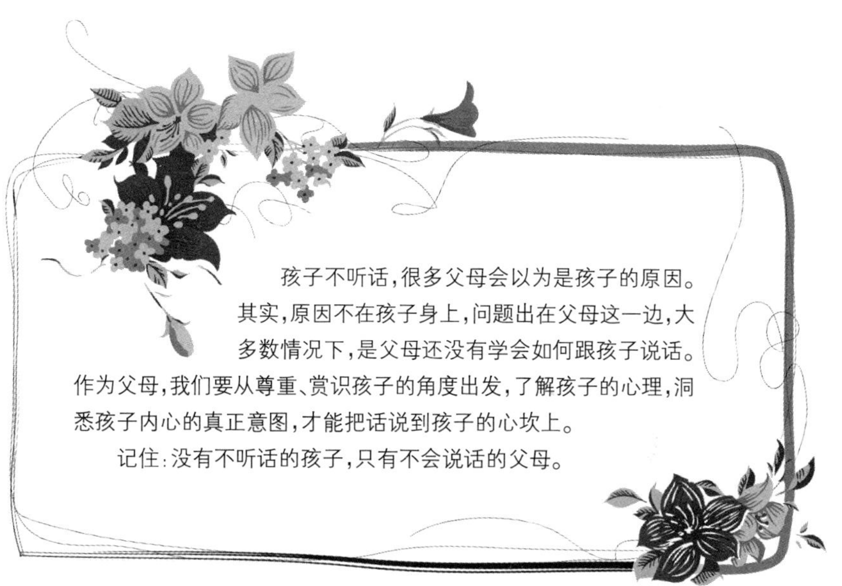

孩子不听话，很多父母会以为是孩子的原因。其实，原因不在孩子身上，问题出在父母这一边，大多数情况下，是父母还没有学会如何跟孩子说话。作为父母，我们要从尊重、赏识孩子的角度出发，了解孩子的心理，洞悉孩子内心的真正意图，才能把话说到孩子的心坎上。

记住：没有不听话的孩子，只有不会说话的父母。

1. 站在孩子的角度思考

生活中，父母总是要求孩子理解自己，却从没有想过理解孩子，父母与孩子在年龄、阅历、学识等方面有很大的差异，考虑问题的角度自然不同，于是，沟通过程中就会产生许多矛盾。父母只是觉得孩子渐渐地不听父母的话了，却没有想想原因是什么，其实只要父母能够站在孩子的角度考虑问题，一切就会迎刃而解。

美国成功学家、“成人教育之父”戴尔·卡耐基曾经讲述过一个与孩子有关的故事。

卡耐基家附近有一座公园，他经常去那里散步、骑马。公园为周围人的生活带来了乐趣。但是，附近的孩子们也经常到公园里去玩，他们喜欢在公园里野炊，这使得公园经常发生火灾。因此，卡耐基只要看到有孩子们在野炊，就要上前劝阻。但是，孩子们根本不听他的劝告，火灾还是屡有发生。有一次，卡耐基在愤怒的情况下，采取了恫吓的方法，扬言要把孩子们交给警察。孩子们似乎有点害怕，停止了玩火。但是，好景不长，只要没人看见，孩子们还是会生起火来野炊。

后来，卡耐基反省了自己的说话方式。当他再看见有孩子玩火时，就亲切地对他们说：“孩子们，这非常惬意，是吗？我年幼的时候也非常喜欢玩火，现在也喜欢。但你们知道，在公园里玩火是危险的。我知道你们不是故意的，但是别的孩子不会像你们一样小心，他们看见你们玩火，也过来玩火，回家时也不把火扑灭，以致发生火灾，烧毁树林。因为玩火，我们可能没有树林，你们也可能被拘捕入狱。我不是要剥夺你们的快乐，我喜欢看到你们快乐。但是为了避免造成火灾，请你们现在把火堆周围的树叶弄开一些，离开要回家时，用土把火盖起来。下次要取乐时，请你们在山丘那边的海滩上生火，好吗？那里不会有危险。”最后，卡耐基还不忘对孩子们说：“多谢了，孩子们。祝你们快乐！”

结果，孩子们渐渐地不去公园玩火了。

卡耐基的话最终能被孩子们接受，其原因正是卡耐基站在孩子们的角度思考问题。

美国教育家塞勒·塞维若说：“每个人观察认识问题，都会有自己的视角和立足点。身份、地位不同，所得的结论就不同。父母与子女间的年龄悬殊、身份互异是影响相互沟通的重要原因。若父母能站在孩子的立场上思考，一切将迎刃而解。”

女儿林紫放学回家向妈妈抱怨，今天老师当着全班同学的面大声斥责自己。

妈妈一听把腰一叉，用严厉的语气问：“你干什么坏事了，惹老师生气？”

林紫瞪起眼，毫不示弱地说：“我什么也没干。”

“不会吧，老师不会无缘无故地批评学生。”

林紫一言不发，气哼哼地坐在椅子上，不开心地盯着妈妈。

妈妈接着问:“那你准备怎么办?”

林紫说:“什么也不做。”

显然,这样下去,母女二人就一定会对立起来,最终没有什么结果。妈妈也意识到了这一点,马上改变了态度,用一种友善的口吻说:“我敢肯定你当时觉得很难堪,因为老师当着那么多人的面斥责你。”

林紫诧异地抬头看了看妈妈。

妈妈接着说:“记得我上四年级的时候,我也遇到过这样一件事,其实只是我上课时向同学借东西,老师就狠狠地批评了我,让我下不来台,我当时也感到十分气愤。”

林紫露出轻松的样子,感兴趣地说:“真的,我是因为和同学讨论问题被老师发现的,我是为了学习,老师就批评我,真不公平。”

“你知道妈妈怎么解决问题的吗?我在那以后,每次上学都准备好所需的学具,再也没有在课上借东西。”

林紫说:“那好,下次我也不在老师讲课时和同学讨论问题了。”

妈妈见目的达到了,手一挥,说:“好了,咱们该吃饭了。”

正是妈妈站在孩子的角度考虑问题,孩子才情愿接受妈妈的建议。

所以,在日常和孩子交流过程中,需要父母做到以下几点:

(1)父母不要总以成人的眼光去看待孩子。

丰子恺先生曾经讲过这样一件事情:

有一次，他问4岁的华瞻最喜欢什么样的事，华瞻坦然地回答："逃难。"

大人无论如何不会把逃难当成一种愉快的经历，可是，在孩子的心目中，逃难却成了"爸爸、妈妈、宝妹……大家坐着汽车，还能看到大轮船"。的确，从孩子的角度来看，逃难意味着一家团聚、同舟共济，还能欣赏沿途的新鲜事物，这一切，对孩子来说的确是非常有趣的事情，因为他所见的是逃难的另一方面。

儿童的眼光和成人的眼光不同，成人多习惯于用实用和势利的眼光看待事物，只有涉世未深的孩子才会用审美的态度和一颗童心去感知世界。如果父母想要理解孩子，就要去用心体会孩子眼中的一切，只有这样才能正确地引导孩子。

(2)了解、接受孩子的新想法。

孩子与父母看待问题的角度不同，看法自然不同。父母如有不同意见，应该心平气和地与孩子讨论。要允许孩子有新的想法、新思维、新做法，父母不能接受的，不一定是错误的。

事实上，作为父母，不一定非得要求孩子按自己的思路做事，尤其是孩子的事情。孩子有自己的爱好，有他的生活圈，父母应该站在孩子的角度，给孩子一定的空间。当然，父母也要学会向孩子表达自己的要求，希望孩子也能站在父母的角度来想问题。

2. 注重孩子内心的感受

小莉是小学一年级的学生。从上幼儿园开始，她每星期都要到游泳馆学习游泳三次，除此之外，每星期还要学习一次钢琴、一次绘画。

小莉并不喜欢去学游泳，但是没有办法，和妈妈说了很多次，妈妈不是劝她，就是骂她，反正不同意她放弃。可是，最近每到上游泳课的时间，她就会开始呕吐，在学校上课时，似乎精神也集中不起来，甚至连做作业的速度也变得缓慢了，显然精神状态不好，自信心不强。老师发现这种情形，便和她妈妈联系。

妈妈问小莉："你是不是不想学游泳了？"小莉很高兴地回答："嗯，我不想再去了！"小莉心里想："谢天谢地，妈妈终于知道我的心思了。"

谁知妈妈口风一转："可是已经学了这么久，放弃很可惜。"妈妈认为，学做一件事熟练后，一定可以增加自信。还是不同意小莉停止学习游泳。

小莉顿时十分沮丧。

在很多家庭中，父母都会有一种权威思想，总认为家里的事情父母说了算，因此，从不考虑孩子的感受，总是把自己的思想和喜好强加给孩子，这其实是错误的。家长不要以为孩子是自己的，就可以随随便便替孩子做出决定，孩子年龄虽小，但也是一个独立的个体，有权决定关于自己的事情。

假如孩子讨厌学习某门科目，父母应该先问明理由，弄清孩子心里的感受。也许小莉不是不喜欢学游泳，只是觉得一个星期去三次太多了，压力很大，很痛苦，那么，不妨先减少至一个星期一次，待观察一段时间后再做决定。

现实中，许多家长苦口婆心，可孩子却不胜其烦，这不仅令家长苦恼万分，孩子其实更苦恼。家长说孩子，不知道他们心里一天到晚尽想些什么；孩子说，爸爸妈妈从来就不关心他们的内心感受。这样的教育当然会形成对立，产生问题。所以家长们一定要牢记，不要总是以自己的想法代替孩子的想法，这只能是“想当然”，只有时刻关注孩子的内心感受，了解他们的真实想法，才能“对症下药”，被孩子所接受和理解。

美国家庭治疗大师萨提亚说：“当孩子确实有错误需要纠正时，充满慈爱的父母通常会采取很坦诚的方式，询问原因，倾听孩子的心声，给予关爱和理解，同时体会孩子的感受。最后，才利用恰当的时机，在孩子自然地想倾听时才给他们讲道理。”

还有一种情况就是，很多父母乐意聆听孩子表达那些正面积极的情绪，而当孩子感觉生气、愤怒或者悲伤的时候，我们家长却并不能平静地去倾听并考虑孩子内心的感受。

比如，当孩子从学校回到家里，大声地说：“妈妈，今天老师表扬我进步了！还奖给了我一颗星星呢！”或者很高兴地说："我今天回家的路上帮助了一位老奶奶。"听到孩子说这些，家长会觉得很开心。但是，如果孩子跟父母说的事情是负面情况时，例如，当孩子气呼呼地向父母抱怨，同学不让他一起参加游戏，或者抱怨老师布置的作业太多了，事情就会完全不同了。父母常常不屑地说："没事儿，过几天就会好的。"这时候，孩子会觉得父母没有认真听自己的事情，根本不在乎自己的感受，自己没有从父母那里得到真正的安慰。

所以，无论孩子向你表达的是正面的或者负面的情绪，哪怕在父母看来是很微不足道的事情，也要认真对待，不要马虎从事，失去和孩子内心交流的机会。

具体来说，父母要注意下面几点：

（1）倾听孩子，承认孩子的感受。

如果孩子向父母抱怨功课太多，不要马上给他讲什么大道理。"学习是关系你一辈子的大事，不要老想着玩。"或是用否定、反驳甚至批评的方式来回应他："为什么你每次都这么抱怨？其实那门功课真的很简单。"相反，你要有兴趣地听他讲完，承认孩子的感觉，比如你可以说："功课确实越来越难，你再加加油，妈妈相信你。"

（2）接纳孩子的情绪。

孩子的情绪变化起伏比较大，一遇到不顺心的事情，就可能出现负面情绪，这时候父母如果强行让孩子冷静下来，是不理智的。应该首先接纳孩子的情绪，允许孩子适当发泄。让孩子在父母平和的态度下冷静下来，才能与孩子进行更好的沟通。

(3)在谈话时,注意孩子的反应。

父母在与孩子沟通时,要注意孩子的表情和情绪的变化。很多时候,我们只顾自己表达,忘了孩子这个倾听者,所以即使孩子表达了厌烦的情绪,我们也全然不知,结果孩子认为父母从不考虑自己的感受,沟通也没有好的结果。

3. 孩子的事，要与孩子商量

家里为了吉泽的学习买了台电脑，小家伙高兴极了，但是还缺一张电脑桌，爸爸妈妈商量着星期天去商场买。

吉泽一听，兴致勃勃地跑到爸爸跟前说：“买那种立体的可以改换形状的电脑桌吧，漂亮极了，放在我屋里，简直是绝配。”

妈妈看了吉泽一眼，没好气地说：“去去去，这里没你的事，要是买你说的那种电脑桌，不出三天，就会让你拆了。”

爸爸也随声说：“就买隔壁蒙蒙家的那种，又结实又节省空间，反正也不影响使用。”

“我不喜欢，人家的电脑桌是一年前买的，早就落伍了。”

“你说了算，还是我们说了算？就这么定了，星期天你还要上英语班，就不用跟着去了。”

“电脑桌是给我买的，为什么不能听我的？”

“电脑桌是给你买的不错，但是你懂得什么呀，就知道好玩。”

吉泽看到自己的新电脑桌没希望了，气得躲到屋里看漫画书去了。

生活中，孩子的很多事情都需要父母帮忙去做，但是这不意味着父母就可以忽略孩子的意见。孩子是家庭的一分子，家里的事情有必要跟孩子协商一下，尤其是关系到孩子的事情。

为什么有时候父母辛辛苦苦帮孩子买来衣服，孩子却拒绝穿在身上？为什么很多父母安排的活动，孩子不愿意参加？为什么父母出于好意为孩子做的事情，孩子却不领情？……

这些都是因为父母没有从尊重孩子出发，与孩子协商，所以孩子拒绝接受。

随着孩子年岁的增长，子女在喜好和兴趣，甚至交友诸方面看法都会与父母有分歧。这时父母对子女的一些喜爱与兴趣绝不能简单地禁止。而应在充分尊重的前提下与子女商量，以求得共识或找出正确解决的途径。

老卡尔·威特在著作中这样写道：

有一次，卡尔和他弟弟威尔纳商量好到田野中去玩。我同意了他们，但是要求必须在傍晚之前回来。可是他们可能玩得太高兴，天黑之后才回到家。

对于他们未在规定时间里准时回来的事，我当时并没有说什么。等他们再次提出类似的要求时，我对卡尔说："有件事令我和你的母亲很担忧，就是约定好的时间里你们没有回来。那天可把我们急坏了，不知道究竟发生了什么事，你母亲都快急哭了。你看应该怎么办呢？"

由于孩子亲自参与对问题的决定，所以他会很自觉地按照要求去做。后来，卡尔再也没有发生不守时的事。我认为，通过一个问题的共同协商，父母最后让孩子明白了

“理解、信任、承诺、准时”等观念的重要。

通过协商的方式，最容易让孩子站在他人的立场上思考问题，也最容易让孩子养成理解他人的习惯。

有些父母认为，孩子还小，不懂事，没必要跟他讲那么多，而且，孩子知道了也起不了作用，不如让他安安心心地读书。其实不然，如果父母不跟孩子商量家里的事情，渐渐地，孩子不仅失去了与父母沟通的意愿，而且会认为自己在父母眼里是多余的人，从而养成冷漠、自私的性格。

孩子是家庭的重要一员。可是，许多父母在决定一些事情尤其是一些重要的事情时往往把孩子排斥在外。是的，生活中纯粹的大人之间的事没有必要让孩子知道，可是还有很多事是完全应该让孩子也参与讨论的，尤其是涉及孩子的某项决定时。不要以为孩子小，什么也不懂。更不要以为孩子是你的，你就可以随便对他做出决定。

事实上，只要是家庭的成员，即使年龄小，他也有权知道关于自己以及家里的事情，有权参与家庭事件的讨论与决定。

一家人坐在一起商量某件事，大人和孩子各自的观点都被摆出来，做父母的把意见耐心地传递给孩子，让他思考判断，然后耐心地听取孩子的想法，把自己置于孩子的思维高度，总能找到每个问题最合适的答案。

很多时候，我们做父母的抱怨，为什么我付出那么多，为孩子操了很多心，孩子却一点都不领情呢？

仔细分析，之所以会出现这些情况，责任都在父母身上。那么，父母应该怎样与孩子协商呢？

（1）父母要平等地看待孩子。

商量，不是父母发号施令，而是父母要与孩子平等对话、沟通、相互了解，形成双方可接受的意见或办法。

所以，不管孩子多大，总要有意识地与孩子讲讲家里的事情，让孩子也提一下意见。尽管有时候孩子根本就想不出什么办法，但是，孩子感受到的是父母的信任，感受到的是自己的责任。

在与孩子协商时，父母要有技巧地征求孩子的意见，尽量让孩子说出自己心中的想法。比如，父母可以这样询问："宝贝，妈妈想让你有一个独立的房间，你希望你的房间是什么样的？""孩子，明天你就要正式成为一名小学生了，妈妈希望你能够努力学习。以后每天放学后，你要怎么安排时间呢？"等等。

（2）改变一贯的命令口吻。

英国教育家斯宾塞说过："对孩子要少下命令，命令只有在其他方式不适用或失败时才用。要像一个善良的立法者一样，不会因为去压迫人而高兴，而因为用不着压迫而高兴。"父母不管要求孩子做什么事情，一定要注意用商量的口吻，而不要用命令的口吻。

比如，提醒孩子做作业时，你可以说："你现在是不是该做作业了？做完作业就可以看会儿电视。"而不要说："赶紧去做作业！"或"还不去做作业呀？"

请孩子帮忙做一件事情时，比如洗菜，你可以说："你能帮我把菜洗一下吗？"而不要说："快来帮我洗菜！"或"赶紧把菜洗了！"

帮助孩子做选择的时候，你可以说："妈妈觉得你上个英语口语培训班有利于你的英语交流，以后你出国时就可以自如地与人对话了。你觉得呢？"而不要说："让你上培训班你就上，我是为你好。"

(3)父母要尊重孩子的意见。

既然与孩子商量，就要认真听取孩子的意见，不能表面上与孩子商量，最终却还是自己做主。比如，与孩子商量报什么兴趣班的问题，孩子说喜欢游泳，父母最终没有任何解释就给孩子报了英语班。这样时间一长，即使父母再与孩子商量，孩子也不会表达自己的意见了。

4. 坚持以理服人

电视剧里常出现父子争吵对立的场面，当父亲的，必然会对孩子说这样的话："你要听爸爸的话!"事实上，不管孩子年纪多大，每次孩子要是不听话时，这句话便成了父母手中的王牌。

此话带有强制的意思，如果孩子年纪还小，这话会让他屈服。但孩子会长大，年龄较大时，再对他讲同样的话，就会带来负面影响。

"你要听爸爸的话！"表示："爸爸说的话是绝对性的，必须无条件顺从。"体现了做父母的权威。换句话说，即是：父母的话是绝对的真理。其实这是父母在利用自己的权威压制孩子，这样做的结果只有两个：一是限制了孩子的思考，没有了自主性；二是孩子口服心不服，认为大人根本不讲理。

在大多数家庭中，最常听到的教导莫过于"听话"两字。父母们经常对孩子说："好孩子要听话！""听话，妈妈就给你买玩具！""你听话，妈妈就喜欢你！"……"听话"教育几乎成为许多家庭教育的中心内容。

据调查显示，有70%的家长愿意"不论自己说什么，孩子都得听"。因为，在家长看来，听话的孩子好管教，可以省去大人好多麻烦。殊不知,教育就是不能怕麻烦。

很多人回忆起父母对自己进行的听话教育时,往往会有与下面这位女士同样的感觉。

“小时候,姥姥看护我,妈妈上班前总是反复叮嘱:听姥姥的话。妈妈下班回来之后肯定要问我:今天听姥姥的话了吗?我3岁上了幼儿园,妈妈每天早晨送我去幼儿园,临走时,妈妈总要对我说:听阿姨的话。每天晚上,妈妈来接我的时候,也一定会问我:今天听阿姨的话了吗?上小学时,妈妈嘱咐我要听老师的话,上课要用心听老师讲课。上了中学,妈妈还嘱咐我听老师的话。后来,我参加工作了,妈妈还经常叮嘱我要听领导的话,看领导的脸色行事。在我的记忆中,好像‘听话’这两个字是妈妈对我讲的次数最多的。”

很多时候,如果孩子不顺从,父母就会斥责或打骂,从来不给孩子申辩的机会,更不给孩子讲明白被惩罚的理由,这样去教育孩子,孩子当然不可能和父母交心。

在欧美的许多国家,他们对待不听话的孩子的态度和我们不同,当孩子年纪稍大,智能、自我意识发达时,欧美的妈妈就会告诉他的孩子“为什么不能这么做”,直到孩子能够了解、接受为止。

要对孩子说明理由,是件困难的事。这要考验父母们的耐心。但是,“以理服人”的效果还是明显的。多次不厌其烦的说明后,孩子自然会辨别什么事能做,什么事不能做。逐渐地养成自己思考的能力。假如依据“父母的话就要听”来逼迫孩子,孩子必然不会信服。

教育的目的不是显示父母的“伟大”,而是要让孩子明白自己的错误，知道自己应该怎样做才更好。如果仅仅是强迫或打骂，不仅缺乏教育效果，而且会伤害孩子的心灵，造成亲子关系的隔阂。

所以，在对孩子批评和处罚时，一定要对孩子说明理由，以理服人。

理由一定要清楚、明确，才能让孩子明白父母管教他的真正目的，也更能促使孩子改正缺点或错误。

已经上小学二年级的郑伟平时比较好动，总是喜欢玩一些激烈的游戏。暑假的时候，同样顽皮的表弟周睿到郑伟家小住。于是，家里像闹翻了天，哥俩整天玩追逐的游戏。

第二天，郑伟和周睿就开始闹别扭了。原来，两人拿着一些武器在家里追逐，结果，周睿在逃跑的时候撞落了桌上的玻璃杯，玻璃杯正好砸在追上来的郑伟脚上，郑伟的脚趾流血了。郑伟就大声叫起来："你这个淘气包！走路也不看着点呀？存心的吧？"谁知，周睿却坏坏地说："谁叫你不看清楚前面有埋伏呢？"

结果两个人互相不理睬了。晚上，妈妈见哥俩互不理睬，心想肯定出了什么事。于是，她把郑伟叫到房间里，先问清了事情的来龙去脉。然后，对郑伟说："首先，你们俩在房间里玩这种游戏，肯定会出现这种情况，不是你被砸伤，就是周睿被砸伤。其次，事情已经发生了，你不应该责怪谁，应该找个创可贴包一下。再说，每个人都有自尊心，你指责周睿错了，他肯定不服输，反而产生矛盾。如果你一声不吭包扎脚趾，周睿反而会来帮助你。你相不相信？"

妈妈的一番话，让郑伟感到自己确实过于偏激了。

以理服人，表明父母对孩子的尊重，同时也给了孩子一个机会，让他自我成长。如果家长一味地用大人的标准来苛求孩子，即使在惩罚孩子时也不说明理由，这让孩子无所适从，造成孩子的逆反心理，并且会挫伤孩子的自信心。

总的来说，父母们在批评孩子时要做到下面几点。

（1）要孩子改正错误时，必须对他说明理由。

伊索说过："说服往往比压服更有效。"要从孩子的角度思考问题，耐心地启发孩子、说服孩子，而不要用家长的权威来压服孩子。对于家长的压力，即使孩子表面上服从了父母的意思，内心却产生了对父母的反感。

陶铸有个独生女儿叫陶斯亮，陶斯亮由于对当时自己所学的医学专业见异思迁、朝三暮四，学习松懈，想改行，竟然几次嚷着要求爸爸帮她改专业。在没有得到允许的情况下，斯亮竟然哭闹起来。她哭够了，父亲也没有理她。有几次，陶铸本想狠狠地教训她一顿，但想到这样教育孩子效果肯定不会好，于是，陶铸决定找女儿好好谈一下，深入地了解孩子的心理，帮助孩子解决思想上的障碍。

当陶铸问起女儿对自己的医学专业有什么想法时，陶斯亮却天南地北地闲聊，就是不谈毕业后的打算。陶铸听后，并不着急，而是耐心地等待女儿把自己的想法都"倒"出来。然后再耐心地一层一层地帮女儿分析。同时，陶铸向女儿表明："干什么事情都不能三心二意，朝三暮四，没有恒心，缺乏毅力，怕吃苦，肯定一事无成。"

陶斯亮听了父亲的耐心教诲，开始热爱起自己的专业，终于成为一个很有成就的医务工作者。

（2）要想以理服人，先要了解孩子心理。

和孩子交流时，仔细倾听孩子的话，是父母帮助孩子对自己的想法、内心感受比较深入理解的过程。在仔细聆听的过程中，通过你的话语对孩子的叙述加以解释和说明，可以帮助孩子弄清楚自己所表达的意思，尽可能帮助孩子把想说的话，准确、清楚地表达出来。在这个过程中，父母也了解了孩子的真实想法，沟通当然就比较容易。

（3）父母要平等、民主地对待孩子，而不是独断地对待孩子。

无论孩子犯了什么样的错误，我们都不要打骂，要表现出对孩子的尊重。在我们尊重孩子的同时，我们同样是在教育孩子尊重别人，包括父母在内。

5. 用情感打动孩子的心

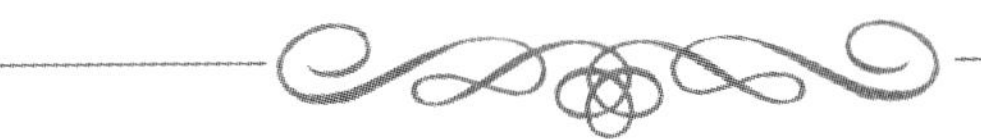

中国的父母多数不善于更不屑于在孩子面前表达自己的情感，但是孩子的心是极其敏感的，只有孩子感受到了父母的真情，孩子才会感动，才会理解父母，也才会分担父母的忧愁和烦恼。

佳兴在升入初中二年级时，爸爸妈妈离婚了。从此，佳兴变了，就像贾宝玉丢了通灵宝玉，六神无主。本来，他的学习成绩平平，经过这场打击，学习成绩更是直线下降。

后来，爸爸看到佳兴这个情况，专门抽了一个星期的时间，邀请孩子一起出去旅游，诚心地对孩子说："爸爸妈妈离婚是因为我们两人性格不合，与其吵吵闹闹，不如分开的好。当初没有征求你的意见，就让你跟着我，我向你表示道歉。再说，爸爸妈妈离婚已经成为事实，你应当面对这个事实，学会坚强！"

佳兴听了爸爸的话，心里豁然开朗，就对爸爸说："你们离婚是你们自己的事，我以后会自己照顾自己，会从这次阴影中走出来！"

后来，佳兴上了职业高中，学服装设计专业。他迷上了自己的专业，参加了中央电视台的模特训练。在中央电视台举办的中学生服装设计大奖赛中，他得了一等奖。当记者问他:“对自己和家庭怎么看呢?”

他平静地说:“我觉得现在挺幸福的。父母离婚比不离婚时给我的爱还多,当时,他们一个唱红脸,一个唱白脸,而现在他们都爱我。再说,父母不在身边,一切都靠我自己拿主意,我是个自立的有充分自由的人!虽然没有父母的呵护,但我却有自尊、自立、自强!”

一天,爸爸对佳兴说:“孩子,我再给你找个妈妈,好吗?”佳兴听了爸爸的话,沉思了一会儿,爸爸妈妈离婚几年了,爸爸再成个家也是合情合理的,自己不应该干涉爸爸的事情,于是,他很懂事的对爸爸说:“我不干涉您的事情,您看着办吧。”爸爸望着懂事的佳兴笑了。

父母能把自己的事情告诉孩子,代表父母尊重孩子,信任孩子,孩子当然也愿意报之以理解。

当然,向孩子表达自己的情感的方式很多,有时候一个充满关爱的眼神,一个温柔动作,一封真诚的书信,都可以向孩子传达自己的情感,起到教育孩子的作用。

有这样一个流传很广的故事叫《妈妈的账单》:

小彼得是一个商人的儿子。有时他得顺便到他爸爸做生意的商店里去瞧瞧。店里每天都有一些收款和付款的账单要经办。彼得往往受命把这些账单送往邮局寄走。他渐渐觉着自己似乎也已成了一个小商人。

有一次,他忽然想出了一个主意:也开一张收款账单寄给他妈妈,索取他每天帮妈妈做事的报酬。

某天,妈妈发现在她的餐盘旁边放着一份账单,上面写着:

母亲欠她儿子彼得如下款项:

取回生活用品　　　　　　　　20 芬尼

为把信件送往邮局　　　　　　10 芬尼

为在花园帮助大人干活　　　　20 芬尼

为他一直是个听话的好孩子　　10 芬尼

共计:60 芬尼

彼得的母亲收下了这份账单并仔细地看了一遍,她什么话也没有说。

晚上,小彼得在他的餐盘旁边找到了他所索取的 60 芬尼报酬。正当小彼得如愿以偿,要把这笔钱收进自己的口袋时,突然发现在餐盘旁边还放着一份给他的账单。他把账单展开读了起来:

彼得欠他的母亲如下款项:

为在她家里过的十年幸福生活　　0 芬尼

为他十年中的吃喝　　　　　　　0 芬尼

为在他生病时的护理　　　　　　0 芬尼

为他一直有个慈爱的母亲　　　　0 芬尼

共计:0 芬尼

小彼得读着读着,感到羞愧万分!过了一会儿,他怀着一颗怦怦直跳的心蹑手蹑脚地走近母亲,将小脸蛋藏进了妈妈的怀里,小心翼翼地把那 60 芬尼塞进了她的围裙。

小彼得的妈妈用账单的方式向儿子表达了母爱的无私、无声、无价,教育了孩子。这样的方式比向孩子讲述大道理不知要强上多少倍。

俗话说得好:“亲其师,信其道。”父母要善于用情感打动孩子的心,重视情感和心灵的沟通,让孩子多与自己接触,通过谈话、活动等形式加强与孩子的情感交流,让孩子知道父母对自己的爱，培养孩子与父母之间的信任情感，这种情感的沟通可以消除孩子与父母之间的误会，增加亲子之间的亲密关系。

父母在向孩子表达情感，进行心灵沟通的时候，要做到以下几点：

（1）培养良好的家庭情感氛围。

家庭情感氛围要靠一点一滴去营造，比如，父母对子女的态度。家长一定要端正孩子的成才目标，不要给孩子现在已经很紧张的生活，再施加压力。有的家长总是爱在吃饭的时间教育孩子，常会这样问孩子："今天上课认真听讲了吗？这次考试得了第几名啊？……"曾经有一个孩子这样说："每天一吃饭我妈就开始问，今天在学校表现怎么样，考第几名？每次我吃的饭都是从脊梁骨下去的。"有的爸爸平时对孩子从不关心，一跟孩子说话就板起脸说："学习成绩最近怎样？有没有下滑？"导致很多孩子对父母有种恐惧感，患了"吃饭恐惧症""爸爸恐惧症"。其实，在吃饭的时候询问孩子的学习情况对孩子没有一点督促作用，只是给孩子增加紧张，给孩子增加心理负担，也破坏了家庭里的情感气氛。

平时，父母要抱着欣赏的心态看待孩子，让孩子在家中有个轻松的心态，才能让孩子的情感丰富。

（2）父母要诚心、坦率地与孩子交流所发生的事情。

著名作家罗兰在《罗兰小语》中有这样的精彩语句："真

诚是使一个人伟大的最基本的力量，它使一个人的缺点或过错也变得能被原谅。”

真诚在家庭交流中有多重含义：家庭中父母之间的真诚沟通；作为父母必须两人对孩子都真诚，没有半点敷衍；父母与孩子之间，两代人都要真诚地沟通和交流。这样，父母的真诚就会换来孩子的真诚。

父母不要以为孩子年龄小，不告诉孩子真相，就不会伤害孩子。其实孩子内心是很敏感的，一旦孩子被家长的行为所伤害，带来的可能是无穷的后患。

（3）让孩子学会努力适应环境。

一般来说，外部环境的意外事件容易对孩子造成负面的影响，使孩子变得敏感而多疑。比如，父母离异、失去亲人等重大的变故对孩子的打击是非常大的。孩子由于心理承受能力比较弱，往往无法承受重大打击，从而给孩子留下了巨大的心理创伤。

因此，父母应尽量帮助孩子适应环境，减少不良的影响，使孩子的身心在健康的环境中得到良好的发展。

6. 从孩子感兴趣的话题开始

艾默生是美国的著名哲学家，可谓才识广博。有一次，他与儿子想将牛牵回牛棚，但是不知为何，牛很不配合。两人一前一后用尽所有力气，但就是没能把牛弄进牛棚。

家中女佣见两个大男人满头大汗，徒劳无功，于是便上前帮忙。艾默生一开始很不以为然：我们两个大男人都拉不动，一个女子怎么可能搞定？令艾默生吃惊的是，女佣好像没想过要出大力气，她仅拿来了一些草，让牛悠闲的嚼食，并一路喂它，很顺利地就将牛引进了棚里，剩下两个大男人在那里目瞪口呆。

美国成功学家、“成人教育之父”戴尔·卡耐基曾经说过这样一段话：“在去钓鱼的时候，你会选择什么当鱼饵？即使你自己喜欢吃奶酪，但将奶酪放在鱼竿前端也钓不起半条鱼。所以，即使你很不情愿，也不得不用鱼喜欢吃的东西来做鱼饵。”说话也是如此。无论你对某个话题如何感兴趣，有再多的高见，如果对方不想听，你说了也是白说。

据说每一个拜访过美国总统西奥多·罗斯福的人，都会对他渊博的知识感到惊讶。哥马利尔·布雷佛写道：“无论是一名牛仔或骑兵、纽约政客或外交官，罗斯福都知道该对他说什么话。”他是怎么办到的呢？很简单。每当有

人来访的前一天晚上，罗斯福都翻读这位客人特别感兴趣的话题的资料。因为罗斯福知道，打动人心的最佳方式是：找准话题，与对方心灵产生共鸣。

我们与孩子说话常常会遇到这样的尴尬：无论父母说什么，孩子都一脸索然，随口答应，其实什么都听不进去；或者一言不发，埋头干自己的事情，甚至表现出很反感的样子。这时候，父母就像艾默生父子牵牛，有劲使不上。有的父母甚至怀疑自己的孩子得了心理疾病，可是孩子一见到同伴就又说又笑，好像话根本说不完，让父母感到不解。

其实，真实的原因是我们谈论的话题孩子根本不感兴趣，用孩子的话来说就是“我们之间有代沟，没有共同语言”。所以，要想打动孩子的心，家长要主动选择一些孩子感兴趣的话题与孩子进行交流。多从孩子的观点出发，多为孩子考虑。只有把孩子当朋友，孩子才可能把心里话掏出来，并且愿意与家长交流。

如果父母开口就是“你的成绩是多少……”“你一定要努力学习……”“我们当年的日子多苦呀……”这样的话题，孩子一定避之唯恐不及，还谈什么心与心的交流。

有一个刚上初中的男生，对电脑很痴迷，书包里装了不少电脑方面的杂志，可是他很不爱说话，不和同学交往，不和邻居说话，有时见了老师也不打招呼。妈妈不知道孩子心里究竟想什么，因为他什么事都不说。

后来妈妈就从他的兴趣入手，先有意识地问他一些电脑方面的问题，一看是妈妈来请教，孩子有些意外，又有点儿高兴，因为班里的同学都不关心这些，妈妈却关心，似乎显得妈妈很超前。于是，孩子热心地给妈妈解答问题，后来妈妈总是用电脑方面的问题去和他找机会谈话，渐渐地，孩子不仅和妈妈讲电脑，还说班级的事，讲老师，讲同学，讲自己的想法和愿望，妈妈成了孩子的好朋友。

现在家长和孩子之间共同语言很少，多数家长不知道孩子喜欢什么，更没有真正和孩子聊过他们感兴趣的话题。孩子对家长的态度也就仅仅停留在长辈上，而无法当朋友看待。其实，要想走进孩子的世界并不难，年龄完全不是问题，找一些孩子喜欢的话题切入，很快就能和孩子打成一片。

为了和孩子有共同感兴趣的话题，父母在平时应主动做到以下几点：

（1）和孩子共同成长。

好多父母以为凭着老经验就可以教育好孩子，在今天这个时代不行了，因为孩子在一个新的环境里长大，光靠过去的老经验是不够的。现代社会，知识更新的速度很快，新鲜事物层出不穷，在接受新事物方面，很多孩子都走到了父母的前面，孩子接受了太多新的信息、新的观念，所以，父母要放下架子，向孩子学习，和孩子共同成长，这样才能有共同的话题。

（2）根据孩子的年龄和性别选择谈话的话题。

孩子感兴趣的话题会随着年龄的变化而变化，比如：孩子在很小的时候通常都喜欢观察昆虫，你可以陪他一起观察，并购买一些书籍一同获取相关的知识。等他们上了小学，他们可能会更关心谁受表扬了，谁做什么好人好事了。父母也可以和孩子讨论一下班里的同学和老师，客观地分析一下为什么同学会受表扬，并建议孩子怎么做能取得进步。这样的讨论一定要避免空洞的说教。在以后，孩子上了中学，他们就会对社会的一些事件有了自己的看法，也有了自己独特的兴趣，父母要认真倾听他们的看法。

另外，性别不同，兴趣也会不同。男孩子都对《走近科学》《探索》一类的电视节目感兴趣，那不妨约好和他一起观看。你们可以讨论一下历史上最著名的十大神秘事件，结果不重要，但你和孩子都会获得快乐。女孩子对美的追求是永远不会变的，你可以和她讨论一下这个季节的服饰，告诉她什么样的服饰更适合她，也可以接受她给你的意见。对体重特别敏感的女孩子往往有减肥的冲动，尽管她们不一定真的需要。父母不妨一起研究研究如何用运动的方式保持身材，如何吃才能既健康又不发胖。

（3）不要贬低孩子的兴趣。

请记住，无论你多么不喜欢孩子的爱好，也不要随便地斥之为“无聊”“低级趣味”“太没劲了”。因为你不知道他们这个年龄所需要的成长营养是什么。

如果父母不再对娱乐新闻和明星嗤之以鼻，也许会发现孩子并非只看到明星的光环，他们也能很正确地对待明星的优点和缺点。

7. 尊重孩子的人格

每个人都渴望得到尊重，孩子也是如此。捷克教育家夸美纽斯指出："应当像尊敬上帝一样地尊敬孩子。"

只有尊重孩子，父母才可能走进孩子的心灵，亲子之间才可能有着愉快的沟通。尊重孩子，说起来简单，做起来却很难。想一想，你是否对孩子说过："我的话，你听也得听，不听也得听。"这样的话对孩子来说，就是不尊重。

通常，父母认为自己赋予了孩子生命，那么孩子整个生命都该属于自己，因此很多父母都把孩子当成了自己的私有财产。不尊重孩子的思想、情绪情感、意志、需要、人格等。事实上，孩子是一个独立的主体，他们有自己的认知、思维方式、独立判断意识，像成人一样，也有被尊重的需要。

孩子都希望得到父母的重视，都愿意父母尊重自己的一切。有时候孩子的倔强与任性，其实不是孩子的本意，而是因为父母的逼迫，让他们产生了反感，所以故意与父母对着干。

很多时候，正是因为我们缺乏尊重孩子的意识，随意按照自己的想法去要求孩子才会出现沟通不畅，孩子不听话，奋起反抗家长的现象。

情景一：

有个女孩从 4 岁开始学钢琴，一直学到小学四年级，最后还是放弃了。她的妈妈说："回忆这 6 年孩子学钢琴的经历，那真是一段辛酸史。"

当初女孩对学习钢琴没有兴趣，妈妈却想，学习钢琴可以增强孩子的艺术修养和气质，弥补自己在这方面的缺憾。孩子在妈妈的强迫下开始学习，但上小学后，学习压力越来越大，孩子对学习钢琴的厌倦情绪越来越大。每当妈妈催促女儿练琴时，女儿总是表现出烦躁和不满的表情，甚至怨恨母亲。有一次，女儿练琴时还差一根手指的指法没有练，妈妈就批评女儿，女儿竟然气鼓鼓地说："干脆把这根手指砍掉算了！妈妈，我不想活了。"最后妈妈只好放弃了。

这是因为父母没有尊重孩子的兴趣爱好。

这样的失败经历，许多家长都经历过。他们并没有真正发现孩子的兴趣，而是根据自己的兴趣为孩子培养特长。孩子本来不喜欢音乐，非要让孩子学琴；孩子本来嗓子不好，非要让孩子学唱歌；孩子本来喜欢美术，非要让孩子学习跆拳道。这种不尊重孩子兴趣的培养方式，最终会遭受失败。

情景二：

一位名叫媛媛的初三学生习惯记日记。有一天，母亲偷看了她的日记并责怪了她，于是，她服下了安眠药和鼠药后，离开了这个世界。

媛媛的班主任孙老师说："媛媛在学校是个很听话的孩子，平时不爱讲话，学习成绩很好，这次她出事让我很意外。”

孙老师说，出事前一天上午，媛媛曾经找过她，而且说了一些很不着边际的话，大概意思是说，她没有犯错误，更没有像家人想的那样和男同学有什么关系。后来，孙老师从其他同学那里了解到，与媛媛同班的一个男同学很想追求她，但被她拒绝了。接下来的日子，这个男同学天天在学校门口等着她，媛媛总是躲得远远的。而这种情况被媛媛的母亲察觉到了，同时，她看到女儿经常把自己关起来，神神秘秘地写东西。于是，母亲偷偷地打开了女儿的抽屉，翻开了女儿的日记本，并得知了女儿与男孩的事情。当天傍晚，媛媛放学回来后，母亲就严肃地批评了她，还不许女儿做任何辩解。

当女儿离开人世后，这位妈妈只会说：“妈妈只想知道你在想什么，才看了你的日记。”可是这已经于事无补了。

这是因为父母没有尊重孩子的隐私。

事实证明，不尊重孩子的隐私只会伤害孩子的自尊，孩子会因为自己的隐私受到侵犯而采取更有力的措施自我保护，把自己的心紧紧锁闭。

情景三：

王华新上高二那年，决定选学文科，因为她的语文、英语成绩非常突出，但是物理成绩一直不理想，可是爸爸经过多方打听，认定报考文科有很多弊端：一是报考的范围比理科要窄得多；二是将来不好找工作。于是不顾女儿的哀求，非要孩子报考理科，结果在高考前的两年时间里，王华新与物理进行了“不死不休”的斗争，可是成绩依然不理想。

最终，王华新的高考成绩不理想，只上了一个普通的大专班。为此，她上学时，坚决不让爸爸送，最后，只得由舅舅代劳。看着女儿拖着沮丧的背影上了火车，爸爸的心里也十分后悔。

这是父母不尊重孩子选择的表现。

每个孩子都有自己的选择，父母没有权利强迫孩子改变自己的决定。

鲁迅在《我们现在怎样做父亲》说："孩子的世界，与成人截然不同，倘不先行理解，一味蛮做，便大碍于孩子的发达。"而"先行理解"的，应是孩子的性情、爱好和特长。只有充分了解之后，从中发掘他的潜力，才有可能找准孩子成长的天赋之道。这才是尊重孩子的表现。

情景四：

有个妈妈带着孩子买了一件两面都能穿的夹克，一面红色，一面黄色，妈妈喜欢黄的，孩子喜欢红的。

开学第一天，妈妈执意让孩子黄色朝外穿，孩子不同意，但是被妈妈一通训斥，只好把黄色穿在外面，孩子虽然穿着新衣服，但心里非常沮丧。

这是父母不尊重孩子权利的表现。

日常生活中许许多多看似平常的小事上，成年人剥夺了孩子的权利。尽管孩子们有丰厚的物质享受，有成年人的百般呵护和精心照顾，但是孩子们的权利实现也被成年人设置了巨大的障碍，孩子们时常会感到不幸福、不快乐、没有尊严。

但是谈到孩子的权利，有的家长说："小孩子有什么权利呀？还不是得听大人的！"也有的说："现在的孩子就够难管了，再让他们知道自己有那么多的权利，更得跟家长顶牛了，我们当父母的怎么‘玩得转’呀！”

事实上，只有家长把本来属于儿童的权利还给孩子，尊重和保护他们的权利，孩子才能在宽松的环境中，快乐地成长。

那么尊重孩子，我们该怎样做呢？

（1）学会征求孩子的意见。

与孩子有关的事情，父母要学会与孩子商量，与孩子无关的事情，也要征求孩子的意见，鼓励孩子有自己的看法和见解，在发表意见时，大人和孩子是平等的，可以保留意见，但是，谁也不应该强加于谁。父母要尊重孩子的不同意见和反对意见，不能大人“常有理”，不要简单地否定，用商量的办法解决问题，让孩子感到自己是家中平等的一员。

父母这样做会让孩子觉得自己受到了重视，从心理上接受了父母。即使孩子出现与父母不同的看法，也乐意接受父母的引导。

（2）尊重孩子的隐私。

孩子有了隐私，说明孩子在逐渐成熟，家长不要强迫孩子公开自己的小秘密，不得到孩子的允许，绝对不要翻动孩子的东西，不硬性掏孩子的衣兜，让孩子有独立感。

（3）孩子不愿意做的事情不强迫。

任何事，都不要替孩子做主。不要以“我是为了你好”

为借口，强迫孩子做一些不愿意做的事情。对孩子的一切做法、想法不抱任何成见，而且还给予足够的重视。不要自以为比孩子高明，好像孩子不按照自己说的去做，就会吃很大的亏。

（4）给孩子留面子，维护孩子的自尊心。

不当着他人的面议论孩子，在公共场所，在客人面前，要给孩子留面子，使孩子自己看重自己。批评孩子时，要给孩子有解释的机会，允许孩子申辩，切不可对孩子说损伤自尊心的话语，让孩子正视错误，但不自卑。

家长错了，要主动向孩子认错，诚恳地表示歉意，不要遮遮掩掩，不要羞于启齿，更不要糊弄孩子。

8. 从内心赏识孩子

心理学家威廉·杰姆斯曾说过："人性最深层的需要就是渴望别人的赞赏，这是人类之所以区别于动物的地方。"席勒也说："我们都希望获得他人的赞赏，同样都惧怕别人的指责与批评。"但是我们很多父母眼中只有孩子的缺点，只要一开口，不是指责孩子，就是提出要求，这样做怎能让孩子敞开心怀与父母沟通呢？

每个人都有优点，也有缺点，孩子也是一样。父母不能因为望子成龙，就苛求孩子是完美的。每个孩子都有他值得赞赏的地方，只是父母不善于发现罢了。

这是一位母亲给她的10岁儿子写的一封信。

儿子：

坦白地说，这两天我非常伤心、迷惘，甚至绝望。我不明白，为什么让你明白一个道理这么难？为什么大多数孩子都能做到的事你却做不到？为什么别的家长不费心力就能办到的，我却费尽心血也做不到？

我从没觉得你是一个坏孩子，你善良，有爱心，可是，你的弱点也是致命的。你太过懒散，这种懒散由内至外，决定和影响着你的言行举止。因为它，你站无站相，坐无坐相，吃饭的姿势也让人一说再说；因为它，你的字永远写不好，写不对，一错就是几年，你的数学题总是算错，而且一错再错。

你太懵懂无知，不爱思考，因此，虽然看了很多好书，却没有吸收多少有益的东西，比如，语文书中那么多好的文章，你看了之后，难道不想把那些好的思路、好词好句用在自己的作文中吗？你的兴趣为什么永远局限于那几个搞笑的故事呢？《名人成长故事》读了这么久，他们的勤奋好学，顽强的毅力为什么对你没有一点影响呢？

儿子，爸爸妈妈并不奢望什么，只是希望你能快快成长，做一个有知识的人、一个对社会有用的人、一个品德高尚的人。这些，需要你从现在做起，一点一滴，克服自己的惰性和懒散，振作起来。

信中的妈妈用了“伤心、迷惘，甚至绝望”的字眼来形容自己对孩子现在情况的感受。孩子“太过懒散”“不爱思考”，孩子的写字潦草，作文语言贫乏、逻辑性差，都让妈妈感到伤心、绝望。

说实在话，孩子的这些问题远远没有妈妈说的严重。一个10岁的男孩，爱玩本是天性。太过懒散、不爱思考也是从妈妈的角度来看待的。一个10岁的男孩，善良有爱心，喜欢看书这些优点可不是随便哪个孩子都会有的。那位母亲试想一想：你对孩子的这些优点真心珍惜过吗？你对孩子真心鼓励过吗？对于孩子的这些长处，你是否能像对待孩子的缺点一样天天挂在嘴边呢？

父母不要总盯着孩子的缺点，而要能发现孩子的优点，并给予真心的鼓励。

另一位10岁男孩母亲的做法就很值得我们学习。

一个10岁的男孩在一家工厂做工。他一直想当一名歌星，但是，他的第一位老师却说："你五音不全，不能唱歌。你的歌简直就像是风在吹百叶窗。"

回到家里后，他很伤心，并向他的母亲——一位贫穷的农妇哭诉这一切。

母亲用手搂着他，轻轻地说："孩子，其实你很有音乐才能。听一听吧，你今天唱歌比昨天乐感好多了，妈妈相信你会成为一个出色的歌唱家的!"

听了这些话，孩子的心情好多了。后来，这个孩子成了那个时代著名的歌剧演唱家。他的名字叫恩瑞哥·卡罗素。

卡罗素回忆自己的成功之路时这样说："是母亲那句肯定的话，让我有了今天的成绩。"

也许，卡罗素的母亲从来都没有想到过她的儿子能成为一代名人，根本没有指望过靠那三言两语去改变她儿子的命运，然而，事实上，正是她那句赏识的话成就了那个时代最伟大的歌唱家。

著名的儿童教育家福禄贝尔说："与其批评孩子的学习，不如真心地鼓励孩子，这会起到比批评更好的效果。"这就是告诉家长，批评孩子的缺点，不如鼓励孩子，更让孩子听了容易接收，有信心、能够集中精力把缺点改掉！

那么在平时我们该如何赏识孩子呢？

（1）赏识要发自内心。

赏识孩子应该发自内心。许多父母把赏识与赞扬等同起来，以为赏识孩子就是告诉孩子："你真棒！"事实上，赏识教育远远不是说一句“你真棒”这么简单。赏识首先应该是一种心态，一种欣赏孩子的心态。而赞扬只是赏识的一种手段而已，只有把赏识的心态融入赞扬之中，孩子才会真正感受到赏识的力量。

（2）用赏识的方式传达自己对孩子的期望。

赏识孩子就是要给孩子正面的暗示，就是指出孩子努力的方向。让孩子受到鼓舞的同时，也获取上进的动力。比如孩子完成了作业，你可以这样说：“你做得真快，如果你再写得整齐一些就会更好了。”下次，孩子在写作业时，就会注意这一点。

（3）悦纳孩子的普通。

也许你的孩子的缺点很多，但是你也要欣然接受。在这个世界上，绝大多数人都是普通人，包括我们在内，做父母的都应该以平常心对待孩子。只有把孩子当做一个平凡的人，当你在发现孩子的优点和长处时，你才可能发自内心地去赏识他。

第二章 选择打动孩子心灵的沟通方式

xuanze dadong haizi xinling de goutong fan-

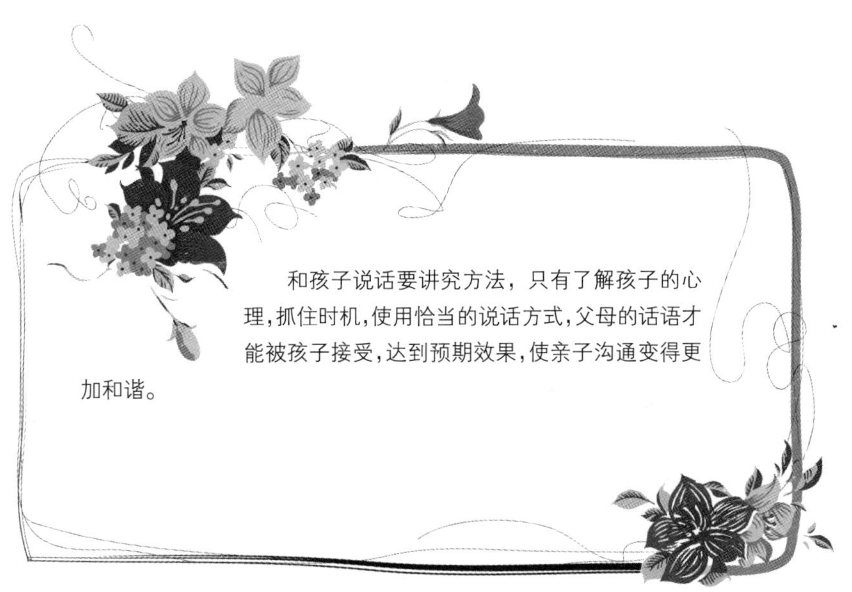

和孩子说话要讲究方法，只有了解孩子的心理，抓住时机，使用恰当的说话方式，父母的话语才能被孩子接受，达到预期效果，使亲子沟通变得更加和谐。

1. 放下架子，平等交流

受中国传统文化中“君君臣臣”“父父子子”思想的影响，很多父母在和孩子谈话时往往都是居高临下的说教、训斥，很少有能站在孩子的角度与孩子平等交流的。如果说的话有道理还好，最糟糕的是有时候父母只是在体现自己的权威，或者发泄自己的不满情绪，这样做很难让孩子信服。

也有的父母干脆就是以命令的口吻要求孩子必须这样，必须那样，不能这样，不能那样……如果父母在谈话时，不与孩子站在平等的位置上，那么沟通就很难有效。

有这样一个笑话：

一天，儿子带着一张不及格的试卷回家。爸爸一见儿子拿的试卷上有大大的不及格的分数，气得抓起一根木棍，大声呵斥儿子：“又是不及格，真没出息，你说该不该打？”

儿子附和道：“当然该打！”

爸爸气急败坏地说：“好，你给我趴下！我要开始打了！”

儿子却说：“爸爸，应该趴下的是你，我来打！”

爸爸一见儿子顶嘴，更是上火：“你这小子，考个不及格还这么理直气壮？”

儿子拿起试卷在爸爸面前晃了晃:“爸爸,你仔细看看,这是你们厂工会让我帮忙带回来的,这可是你的试卷呀!”

“啊?”爸爸一下子蔫了。

在家庭中,都是父母教训孩子,可是很多父母要求孩子是一套,对待自己又是一套,这样的父母当然不可能得到孩子的尊重和信任,孩子自然不愿意与父母沟通。

难怪有的孩子抱怨:“父母就像战场上的指挥官,他们指到哪儿,我们就必须打到哪儿,根本不容我们有任何解释。”

有位教育专家说:“我常常和一些父母谈,能不能把架子放下来去和孩子说话?不要总想着我是你父母,你就必须听我的,我训斥你也是为你好,是应该的,而是要把孩子当做一个和自己一样的人来交流,用一种民主平等的姿态来和孩子说话,这样,你的谈话就容易进入孩子心中,也容易被孩子接受。”

英国教育家斯宾塞说过:“沟通不是在任何人之间都能实现的,父母只有放下架子,做孩子的知心朋友,才能实现最成功的沟通。”

《成长的烦恼》是一部美国家庭教育类电视剧。主人公是永远充满活力的杰森夫妇及三个孩子:女儿卡萝尔,大儿子迈克,小儿子本恩。

杰森夫妇是一对民主的夫妇,他们从来没有在孩子们面前摆过家长的架子,相反,他们把三个孩子当成是自己的朋友,总是以平等友好的态度对待三个孩子。

女儿卡萝尔聪明好学,是杰森夫妇的骄傲。在卡萝尔可以跳级升学时,杰森夫妇没有盲目高兴,也没有胡乱指挥，他们像朋友一样与卡萝尔一起讨论这个问题，引导女儿自己做出正确的选择。

大儿子迈克是一个顽皮捣蛋的人，他经常做一些意想不到的事情，让杰森夫妇操尽了心。但是，杰森夫妇并没有斥责、打骂过迈克，他们总是坚持给迈克机会，鼓励迈克自己去做决定。

对于年幼的小儿子本恩，杰森夫妇同样给予平等的态度，他们并不认为本恩年幼而应该管制。在家里，本恩是一个机灵鬼，他经常会想出一些古怪的主意，但是，杰森夫妇总是平等地与本恩讨论问题，鼓励本恩独立做事。

杰森夫妇认为，孩子应该成为能够适应社会，并受到欢迎的人，因此，他们从小就把孩子当做朋友一样平等来看待，他们与孩子一起讨论问题，在孩子面前承认错误，他们用真诚、宽容和幽默来消除孩子成长过程中的烦恼，给家庭带来了欢乐。

不把孩子像成人一样看待，不能以平等的方式与孩子交谈，孩子怎么会乐于与你交谈？父母又怎么能了解孩子，教育孩子？孩子是家庭中的一员，父母应该以平等的态度敞开胸怀和孩子谈看法、讲见闻、说愿望、道苦衷，共同营造一个民主平等的对话氛围。

那么，父母在沟通时怎样才能平等交流呢？一定要做到以下几点：

（1）一定要尊重孩子。

只有从心里面尊重孩子，才能在生活中平等地对待孩子，不要把孩子当成自己的附属，要努力建立朋友似的亲子关系。

我国青少年最喜爱的作家冰心老人曾经说过：“小孩子的自尊心可不小。所以，你不能以为你是大人，他是孩子，要平等。”

（2）不要拿自己的标准要求孩子。

孩子就是孩子，孩子在看待事物的时候，与成人有不一样的角度。孩子的世界里往往有成人想象不到的精彩，孩子们往往会做出一些令大人们意外的举动，说出一些让父母们惊奇的话语。孩子为什么这么说，为什么这么做，必然有他的理由，父母不能拿成人的标准来要求孩子的行为。父母如果试图以自己的眼光来代替孩子的眼光，结果必然是悲剧性的。因为，这是违背孩子身心发展的。

（3）不要把自己的负面情绪带到谈话中。

很多家长因为工作上的不顺利或者生活中的各种烦恼，导致情绪不好，于是，在和孩子谈话时，不自觉地表现出来，这会让谈话不能正常进行。比如孩子找到父母询问一件事，结果话还没说完，父母就不耐烦地说：“别烦我，自己的事情自己解决。”下次，孩子有了事情也不敢和父母说了。

所以，无论你怎样烦恼，都要冷静下来和孩子说话，因为父母的烦恼和孩子无关，你要在面对孩子时，尽到父母的责任。

2. 用建议，而不是命令

家长给孩子提建议，就是家长对孩子即将做的事情或决定提出自己的见解或意见。这个意见仅供孩子参考，没有强迫的意思。所以更容易被孩子接受。

平时，家长跟孩子说话多数是用指令性的语气说的。这种语气在孩子小的时候还算行得通，但随着孩子的人格独立性不断增强，这样沟通的结果是，孩子越来越不听话。

8岁的鑫宇在房间里做作业，妈妈从厨房端菜到客厅，正好看到房间里的鑫宇趴在桌子上写作业。

“鑫宇，跟你说了多少遍了，不要趴着写作业，你怎么又趴下去了？快挺直腰板！”妈妈的声音像打雷一样传进了鑫宇的耳朵里。鑫宇下意识地挺直了身体。

但是，不一会儿，他又趴下去了。这时，妈妈正好到房间里来叫他吃饭。

“你这孩子怎么这么不听话呀？让你不要趴着写作业，总是不听。”妈妈开始气愤了。

“知道了，妈妈。你烦不烦呀！”鑫宇开始了反击。

“还嫌我烦了！我这是为谁好呀？以后变成近视眼，看你怎么办？”妈妈有点生气地吼道。

“变成近视眼就变成近视眼。”鑫宇小声地说。

“什么？你这孩子怎么这么不懂事呀？真是无药可救了！”妈妈叹息道。

“我本来就没什么出息嘛！”鑫宇附和道。

“真是白养了你，早知如此，就不应该生你！”妈妈说。

“我又没叫你生我。”鑫宇说。

“你……”妈妈气得打了鑫宇一个耳光。

于是，一场母子冲突又爆发了。

类似这样的事情经常在家庭中上演着。父母们本来都是好意，都是为了孩子好，希望孩子不要做不好的事情，并且给孩子指出了正确的做法。但是，家长说话的方式往往带有命令和强迫的性质，让孩子很反感，产生了逆反心理，结果小事变大事，小吵变大吵，双方不欢而散。

实际上，父母们只要转变一下表述的方式，尝试用提建议的方式来教育孩子，孩子往往能够接受。

肖强的理想是当一名飞行员，家里的飞机玩具数不胜数，有关飞机的知识也懂得不少。但是让妈妈头疼的是肖强对学习数学没有兴趣，经常出现不完成作业的情况，成绩总是在六七十分之间徘徊。

一天，老师打来电话，说肖强的数学成绩不及格，请父母帮忙督促学习。妈妈想了想，批评孩子多少次了也没有效果。

晚上，爸爸回来听说了这件事，就推开孩子的房门，见儿子正在玩飞机，爸爸坐在边上说：“儿子，你的理想是当飞行员，可是你知道怎么才能当上飞行员吗？”

儿子一听说这事，兴奋地说：“飞行员身体要棒，不怕晕，要勇敢。”

“身体条件确实很重要,除此之外呢?”爸爸接着说。

“那就不需要什么了吧?”小强挠挠头想不出什么了。

爸爸说:“飞行员要执行各项任务,要记录很多数据,而且飞机上很多仪表,看不懂怎么能行?”

肖强愣住了。

爸爸接着说:“儿子,我给你个建议好不好,当飞行员首先要有克服困难的精神,你应该从现在做起,首先向数学这个难关发起进攻,如果这一关都过不了,还谈当什么飞行员呀!”

肖强听了,郑重地点了点头。

此后,肖强果然认真学习数学了,成绩有了很大的提高。

一般来说,在孩子的成长过程中,父母是孩子的良师、顾问,但不是指挥者、操纵者。对于孩子的行为,父母应该以建议的方式引导,而不能经常性地命令、控制。

正如戴尔·卡耐基所说:用“建议”,而不下“命令”,不但能维护对方的自尊,而且能使对方乐于改正错误,并与你合作。这句话对父母们也是很好的忠告。

那么怎么向你的孩子提建议呢?要真正提好建议,需要做到以下几点:

(1)提建议前想好自己的表达方式。

无论你的想法多么完美,孩子不能正确理解,都会是一场空,尤其是孩子情绪激动的时候。所以家长要组织好自己的语言,最好是以“我希望……”“我想……这样会更好”等比较温和的语言表达。

（2）建议一定是正向的。

什么是正向的？正向的意思不是你觉得这是对对方好的，而是让对方从心里觉得这是对自己好的。很多家长内心有根深蒂固的偏见，总是以自己认为好的东西强加到孩子身上。他们有这样的经典台词：孩子要是……那才是好孩子。一个孩子怎么可以……呢？这样不会有好的效果。

（3）建议时，不要把自己的情绪带进来。

如果父母在提出建议的同时带上了批评、指责、怀疑、挖苦、审视等情绪，那么这个建议就变成了情绪的载体，别以为孩子听不出来。孩子在发现你带着情绪的时候，你好心的建议就等于零了。

（4）孩子有权不听你的建议。

当孩子不接受父母的建议时，很多父母会气急败坏地说："你看，你看，我好好给你建议，你却不听。那你要我怎么做啊？"既然是建议，孩子就有权选择。如果家长强制执行，那么建议就变成了命令，是没有从根本上尊重孩子。

3. 让批评变得温暖

孩子犯了错误，父母该怎么批评？这是考验父母教育艺术的时刻。批评谁都不爱听，无论是孩子还是成年人。如何让孩子接受父母的批评，选择怎样的批评方式才能让批评的效果更好，是每一个父母都要考虑的问题。

有所学校进行过一次调查，学生们认为有几种批评的方式让他们难以接受。

第一种：简单粗暴、不给面子、不分场合——有损自尊；

第二种：一味责备、没完没了——使人厌烦；

第三种：不合实际、胡乱批评——感到冤枉。

看来，孩子们对来自家长、老师的不当的批评方式有很强的抵触情绪，其实批评有很多种方式，适当的批评方式可以让批评变得温暖，变得深刻，变得容易接受。

霍懋珍老师在北京第二实验小学任教时，班上一名男生拿了同学一支钢笔，霍老师知道后，没有责难这名男生，而是自己掏钱买了一支钢笔送给这名男生，说："我知道你很喜欢钢笔，我这支钢笔送给你。我知道你只是把同学的钢笔拿来看看，我知道别人的东西你不会要，你会悄悄送回去的。"20 年后，这名学生带着自己的孩子来看霍老师，一进门就跪在霍老师面前对自己的孩子说："儿子啊，没有霍奶奶,就没有你爸爸的今天。”

霍懋珍老师对这名做了错事的学生采用了科学的、适当的教育方式,收到特别好的效果。相反,如果不能善待做错事的孩子,而给孩子公开的责难、残酷的定性、严厉的处罚,那我们就有可能“造出”坏人。

恰当、积极的批评会给孩子的一生带来深远的影响。日本小提琴教育家铃木镇一先生曾回忆起他小时候的一件事:上一年级的时候,我做错了一件事,母亲告诫我:“不许干!”受到母亲的批评后,我心里不舒服,就强硬地同她顶嘴,我以为母亲会大发雷霆。可母亲当时只是直愣愣地盯着我,难过地流下热泪,然后一声不响地出门去了。望着母亲渐渐远去的背影,我心里升起一股难以抑制的内疚之情,我一直倚在门边等候母亲的归来,我暗暗地想:我以后再也不同母亲顶嘴了,她可是从未训斥过我啊!无声胜有声,这就是沉默式的批评。

批评的方式多种多样。采取怎样的批评方式,要因人而异,因时而异,因地而异。父母一定要多掌握几种批评的方式:

(1)赏识式的批评。

把批评寓于赏识之中,让孩子在批评中找到前进的动力。

有一位老师对犯错误的孩子总是给足面子,从不当众批评。一次他把一个犯错误的同学单独叫到办公室,第一句就是:“老师简直不敢相信像你这么好的孩子怎么能犯这样的错误?你知道你在老师和同学心目中的地位吗?

你是老师的骄傲，全班同学的自豪啊！”这就是赏识式批评。这样的批评，哪个孩子会不愿接受？

(2)幽默式的批评。

孩子犯了错误，面临家长的批评，压力一定很大，又紧张又害怕，如果父母以幽默的方式批评，孩子在轻松的心情下，容易认识错误。赏识教育的倡导者周弘的女儿周婷婷，小学写作文时最后一句话总是：然后，我们高高兴兴地回家了。周弘于是就和女儿开玩笑，用各种语调跟女儿说："然后，我们高高兴兴地回家了。""然后，我们高高兴兴地回家了……"在这种快乐的气氛中，小婷婷知道了自己的毛病，并予以改正。这就是幽默式批评。

(3)爱心式的批评。

盘圭禅师是一位诲人不倦的禅宗大师。有一次，他的一名弟子行窃，当场被抓，其他弟子纷纷要求盘圭将此人逐出，但盘圭没有理会。不久，那名弟子恶习难改，再次偷窃被抓，众徒再度请求惩治，哪知禅师依然不予发落。众徒十分不满，联合写了份陈请书，表示若不将窃贼开除，他们就集体离开。禅师读后，把众弟子召来，对他们说："你们都是明智的人，知道什么是对的，什么是不对的，因此只要你们高兴，到什么地方去学都可以。但是这位徒弟连是非都分不清，如果我不教他，谁来教他？因此，我要把他留在身边，即使你们全都要离开！"

热泪从那位偷窃者的眼中涌出，禅师的一席话洗涤了他的心灵。从此他再无偷窃的冲动。

这就是爱心式批评。

(4)榜样式的批评。

孩子犯了错误，父母用行动做出榜样，可以起到很好的教育作用。

有一次，妈妈带林志去森林公园野游。玩的过程中，林志把喝完的奶袋随手扔到了草坪上。妈妈虽然已经走出去几步了，但是看到这一幕，又返回身来，捡起奶袋，走到最近的垃圾箱面前扔了进去。林志看到妈妈的行为，脸不由一红。这一天，林志再也没有乱扔过东西。这就是榜样式的批评。

4. 不责骂，而是温情的鼓励

新东方董事长俞敏洪说：“鼓励孩子的语言比批评的语言更重要，在任何情况下都可以找到鼓励孩子的理由。”

俞敏洪讲了一个故事：有个小孩上学的时候物理非常差，一次考试得了 8 分，第二次得了 28 分，老师很想鼓励他，就换了一个计分方法。老师说，同学们用这次的考试成绩减去上一次的，结果有没有达到 20 分的？这个孩子举起了手，老师顺势说：“同学们，这次考试谁的进步最大？”孩子们异口同声地说出了那个孩子的名字。从此以后，这个孩子对物理产生了浓厚的兴趣，最终成为一名物理学家。其实这个孩子原来并不喜欢物理，而是这位老师的鼓励使他有了自信，从而产生了学习物理的兴趣。

生活中，许多家长都经历过这样的心理变化过程：先是望子成龙，望女成凤，倍加宠爱。当孩子遭遇失败时，在恨铁不成钢的失败阴影笼罩下，父母们首先想到的竟然是向孩子施加压力。于是，恐吓、威胁、打骂等现象不断发生。最后，父母们往往会认为，孩子不是那块料，孩子已经无可救药。这种家长总是埋怨孩子不争气、不理解自己的苦心，却很少反省自己。

父母很少想到自己严重的功利主义思想和简单粗暴

的教育方式会伤害孩子的自尊心，甚至使孩子产生自卑感和抵触情绪。

其实，孩子在成长的道路上不可能是一帆风顺的，总要经历失败和挫折。当孩子失败或碰壁的时候，父母应及时给予孩子温情的鼓励，让孩子有勇气、有信心再试一次，从而克服困难，获得成功。

当红遍世界的意大利歌唱家帕瓦罗蒂还是个孩子时，祖母常把他抱在膝上对他说："你将会成为一个了不起的人物，你将来一定会成名的。"

他的母亲想让他当个银行家，后来他却当了小学老师，而且只是偶尔唱唱歌。但父亲不断地激励他，并说他唱歌很有潜力。

帕瓦罗蒂终于在22岁那年下定决心弃教从事保险业，因为这样，可以争取到比较充裕的时间发展唱歌的天赋。

后来他曾说："如果不是父亲鼓励的话，我现在可能还是一位小学教师，不可能站在舞台上。我的老师培养训练了我，但没有一位老师对我说我会成名。只有我的祖母，只有祖母那句话一直激励着我。"

孩子稚嫩的心需要适时的鼓励。不管在什么情况下，我们要选择相信孩子，在孩子失落的时候帮助他们树立起自信心，从而也使孩子愿意听取父母的话。

对孩子而言，自己的行为能否得到父母的肯定是很重要的。

如果父母们都能够像下面案例中的妈妈那样，孩子的心灵就不会受到伤害，自信也就不会受到打击。

期末考试成绩出来了，全班29个同学，楚天考了第23

名，而他邻居家的孩子吴越考了第一名。

楚天从来都认为自己不是差生，可是，这样的名次让楚天有了强烈的挫败感，他觉得自己太笨了，沮丧的心情让他打不起精神。

妈妈看出了儿子的神情不对，就问楚天："怎么啦，孩子，不舒服吗？"

楚天流着泪说："妈妈，你说我是不是很笨？我认真听课，认真做作业，为什么我还是考第23名，而吴越却能考第一？"

妈妈摸了摸楚天的脸，温柔地说："妈妈不认为你笨，你比以前进步很多，妈妈相信你会越来越好的。"

第二学期考试结束，楚天考了第16名，而吴越仍是第一。他想不通，自己比吴越更努力，但为什么就是考不过吴越。

这次，楚天问了妈妈同样的问题。妈妈还是说："你不笨，你比上学期进步多了，你会越来越好的。"

楚天小学毕业了，他的学习成绩仍然没有吴越好，但是，楚天已经进入了班级前10名。

初中时，楚天依旧能听到妈妈这样鼓励的语言，等升入高中时，楚天已经成了全校的尖子生了。

温情地鼓励孩子，会让孩子战胜失败，让孩子越来越进步，离成功越来越近。楚天正是在妈妈"你比以前进步很多，妈妈相信你会越来越好"的鼓励声中，逐渐跨越障碍，并最终取得了理想的好成绩。

在孩子稚嫩的心中，父母就是他们的精神支柱，如果在孩子最需要理解、最需要安慰的时候，连父母也不理他、厌恶他，他又该相信谁呢？长此下去，孩子很容易形成畸形的性格。

如何在与孩子的谈话中，在孩子最需要的时候，采用温情的鼓励方式呢?具体说,父母要做到以下几点：

(1)批评孩子的缺点不如赞扬他的优点。

父母在接到孩子成绩单时,往往先看到的是分数最低那一科的成绩，谈论最多的也是孩子不擅长的那一科，目的是希望孩子努力弥补,争取全面开花。可是我们不知道,如果孩子被迫去学习自己不喜欢、不擅长的学科，久而久之,就会对自己的能力产生怀疑,更加深自卑感,甚至对所有的学科心生厌恶。由此可见,要使孩子顺利克服不擅长的学科,重点就在于让成绩好的学科更上一层楼。

日本著名的棋手板田荣男，少年时代身体十分羸弱，个性也显得内向而畏缩，和其他的孩子打架，多半只有挨打的份。然而，由于父亲的引导，他竟然由一个自卑感很重的受气包,摇身一变为人称“剃刀板田”的著名棋手。板田荣男的父亲发现他对围棋很有兴趣,便积极鼓励他去观棋,去学习。因此,板田的技术便愈来愈好,9岁时就拜在增渊辰子的门下为弟子。一个原本怯弱的孩子,就因为发现自己对围棋的兴趣,积极学习,而产生自信,终于变成一个令人刮目相看的人。这种教育方式,颇值得令人深思。

如果板田荣男的父亲只注意到孩子身体弱，而强迫他去锻炼身体，或一味要求他意志坚强，大概就培养不出拥有九段功力的围棋高手了。

（2）鼓励孩子要抓住最佳时机。

许多父母总是忽视孩子取得的成绩，从而失去了鼓励孩子的最佳时机。

孩子的进步有大有小，但往往喜欢在第一时间向爸爸妈妈汇报，如果父母因为种种原因忽视了孩子的心情，即使以后再弥补也不会有很好的效果。

有个孩子在一次班内竞赛中取得了优胜奖，他兴致勃勃地讲给正在做饭的妈妈听，因为这是他第一次拿回来奖状，他平时的成绩并不好。妈妈看见儿子出奇的高兴，却没有搭理他，只是平淡地问了一句："今天的作业写完了吗？"儿子立刻撅起嘴回自己的屋了。

妈妈做完晚饭，发现了客厅茶几上的奖状，很高兴，跑到孩子的屋里说："儿子，你做得不错嘛。"孩子已经没有了刚进门时的兴奋，只是点点头，继续写作业。妈妈这时才意识到自己犯了一个错误。

不能及时地鼓励孩子，就是失去了一次促使孩子成长的良机。

（3）在孩子做错事时鼓励孩子改正错误。

在成长过程中，孩子必然会犯错误，做错事，这时父母往往会生气地责骂孩子。其实，孩子也不愿意犯错误、做错事，他们本来已经有内疚感了，如果父母再不断地责骂孩子，孩子就会觉得非常委屈，进而对父母产生不满，影响亲子关系的和谐。

如果在孩子犯错的时候，父母能够温情地鼓励孩子，孩子就会树立起改正错误，奋发向上的决心。

（4）巧借别人之口来鼓励孩子。

孩子希望得到父母的鼓励，同时也希望得到他人的鼓励，尤其是身边有影响力的人，比如老师、长辈等。有时候，孩子因为得到父母的鼓励较多，对父母的鼓励产生了一定的免疫性，往往效果不是太好。这时，如果父母有意识地借他人之口来鼓励孩子，往往会激发孩子的自信，使亲子关系更加融洽。

浙江万里教育集团董事长徐亚芬是一位事业上十分成功的女性，在儿子的教育上，她也同样成功。有一次，“知心姐姐”卢勤去宁波参观万里教育集团，徐亚芬向卢勤讲了一个发生在她儿子身上的故事。

徐亚芬的儿子上小学时，语文成绩很好，但不爱学数学，所以成绩较差。一次，儿子从学校回来，对妈妈说：“学校给我们测智商了。老师说我右脑比左脑发达，形象思维能力强，数字概念差，所以我的语文成绩比数学好。看来，我的数学成绩是上不去了。”

徐亚芬惊讶地说：“是这样吗？有空我去问问老师。”

她真的去了学校，找了班主任，并暗地里与班主任达成了一项协议。几天后，徐亚芬十分认真地对儿子说：“儿子，告诉你一件大事，我去学校问过老师了，老师说他搞错了，你是左脑比右脑发达，学数学会比语文强多了！”

“是真的？老师真是这么说的？”儿子睁大眼睛，兴奋极了。

“是呀，老师说，他看错结果了，他说的是另一个同学而不是你，你是左脑比右脑发达。”

儿子信以为真，真的认为“我的数学一定能够学好，我很行”。这使他完全改变了对自己的看法。从此，在学数学的时候，他恢复了自信，提起了精神。

父母借他人之口来鼓励孩子，孩子往往会觉得父母以自己为荣，心理上更加愿意接纳父母，对父母产生认同感，这样，亲近感就成为亲子关系的润滑剂。

5. 宽容胜过惩戒

法国作家拉封丹写过这样一则寓言：

南风与北风打赌，看谁能够脱去一位农夫的衣服。北风自以为力气大，脱件衣服不是难事。于是北风先来，他使劲地向农夫吹刮着寒冷的风，直吹得农夫浑身瑟瑟发抖，直打哆嗦，农夫不但不脱衣服，反而裹紧外衣，躲到背风的地方去了。北风只好无功而返。紧接着由南风上马，他向农夫轻抚慢拂，给农夫送去温暖的熏风。农夫本来就在田野里劳动，身上出了热汗，经南风这么一吹拂，顿觉浑身发热。于是就放下手里的活计，到田边脱去衣服，再接着继续劳作。南风取得了最后的胜利。

“南风效应”告诉父母们一个道理：宽容是一种强于惩戒的力量。教育孩子同样如此，那些一味批评自己孩子的父母，最终会发现孩子越来越听不进他们的话。

宽容孩子的错误，并不是指对孩子的错误放任不管，而是指孩子有了错误，应允许其有一个认识、反省、改正的时间和机会。

《我的母亲》的作者容桂宏说到了自己小时候和母亲之间发生的故事：

“我的邻居家曾有一株龙眼树，当龙眼成熟时，我就和小伙伴偷偷爬上去摘龙眼吃。有一次，我没去上学，一个上午都在龙眼树上摘抢争夺。到了放学时间，若无其事地跑回家，端起饭吃。我的逃学没能瞒过母亲的眼睛——裤子被树枝划破，身上还沾着树叶，但母亲没有打我，也没有骂我，而用娓娓的规劝和不动声色的'揭露'令我悔悟。从母亲那慈祥的带有泪水和希望的目光中，我的自尊心被启蒙了，逐渐感到了生命的庄严和可贵。从此，我再也没有骗过母亲，直到长大后走入社会，我都是以诚待人，靠自己的诚实和人格赢得朋友，赢得生活。"

宽容之所以能够打动孩子的心，主要是因为它可以保护孩子的自尊心。

有一次，北大附中副校长程翔在批改学生的作文时，一篇题为《一块手帕》的文章深深吸引了他，他便当做范文在班上进行评价。

"这篇文章是抄来的！"程老师刚读完这篇作文，一个学生举起手大声地说。他的话音刚落，全班哗然，大家议论纷纷，目光齐刷刷地扫向那个抄袭的同学，她满脸绯红地低下了头。

面对这突然的变故，程老师停顿了一下，转过话头问大家："同学们，这篇文章写得好不好？"

"好是好，可是……"

"我问的是这篇文章写得好不好，不管其他。"

"太好了！"

"那就请同学们谈谈这篇文章好在哪里，请发言的同学到讲台上来说。"

结果，有八位同学发言，大家高度评价了这篇文章。程老师接着说:“同学们,这样好的文章我以前读得不多,可能同学们也读得不多,以后多给同学们推荐一些优秀的文章,在班上宣读,你们以为如何?”

“太好了!”

“那么,对今天第一个给我们推荐优秀文章的同学,大家说应该怎么办?”

“谢谢!”“非常感谢!”此时,同学们对老师的用意已心领神会。

“从今天开始,每周推荐一篇优秀作文,全班同学轮流推荐。可以拿原文来读,也可以写到自己的作文本上。不过别忘记注明原作者和出处。”同学们会心地笑了,那个抄袭作文的同学也舒心地笑了。

孩子的心灵总是比较脆弱,容易受到伤害,并且受伤的心灵还不易愈合。程翔副校长的做法,不仅保全了一个孩子的“面子”,即不伤害孩子的自尊心,又能让她认识到自己的错误,而且还给全班学生上了一堂生动的宽容课。

那么,父母如何用宽容的方式教育孩子,和孩子沟通呢?

(1)宽容孩子的无心过失。

在孩子成长的过程中,不小心摔坏东西、损坏东西的事情非常常见。对自己不小心所造成的破坏,孩子也非常后悔和难过,甚至感到恐惧。

这时,家长应该宽容和安慰孩子,而不是批评和指责。批评和指责不仅于事无补,而且会造成孩子对父母感情的疏远。以后再发生这种事情,他们可能会故意隐瞒父母,从而使孩子养成说谎的习惯。

有一天,蓬蓬一个人在家,发现洗衣机前堆着脏衣服。她想帮妈妈把衣服洗了,于是她学着妈妈的样子,把脏衣服放到洗衣机里,加上水和洗衣粉,然后定好时,就一边玩去了。等到妈妈回来,看到阳台上挂着洗好的衣服愣住了,原来妈妈新买回来的一件白色内衣,被其他衣服染得五颜六色。妈妈的火腾地一下冲到了脑门,但是看着正在忙碌的孩子,妈妈没有说话。

吃完饭后,妈妈对孩子说:"蓬蓬,你真的长大了,知道帮妈妈了,谢谢。但是,你记住下次洗衣服要把不同的衣服分开来洗,否则妈妈的衣服都变成花衣服了。"

蓬蓬听了妈妈的话,不好意思地说:"知道了,妈妈,下次你教我怎么洗。"

当孩子本意正确、方式错误的时候,父母首先应该对孩子的本意给予赏识,然后帮助孩子分析错在哪里,并教给他正确的方法,指导孩子的生活和学习。

(2)宽容孩子,不要让情绪主导自己的行为。

孩子犯了错误,有些家长非常愤怒,于是做出过火的行为,伤害了孩子的身心,之后,再后悔莫及,所以当你情绪愤怒到极点时,请暂时不要和孩子交流,等心情平静后,把问题想明白再找孩子谈。

有位家长用近十年的积蓄买了一辆白色汽车,并把它当成宝贝一样看待。

一天,6岁的儿子从幼儿园回来了,他看到了爸爸的汽车,突然有一个想法:他想把今天在幼儿园学的画画到爸爸的汽车上，作为送给爸爸的礼物。于是，他拿起一块小砖块，在爸爸的汽车上认真地画了起来。

爸爸看到自己心爱的汽车被儿子画得乱七八糟。他一下子震怒了，震怒让他失去理智，他拿起旁边的榔头，狠狠地向儿子的右手砸去。一下，两下……儿子发出一阵阵惨叫声。

后来，儿子被送进了医院。右手因伤势过重，已经无法再保留了，只好做了截肢手术。儿子醒来之后，还可怜巴巴地望着爸爸，说："我知道错了，我想把那幅画送给你作为礼物，我以后不在你的汽车上画画了！"这时，爸爸只能后悔莫及、痛不欲生了。

（3）引导孩子认识自己的错误。

宽容孩子，为的是帮助孩子认识错误，改正错误，如果孩子并没有认识到这一点，父母要耐心引导，帮助他们分析原因，直到孩子有了明确的认识。这样宽容才起到了应有的作用。

6. 敞开心扉，与孩子谈心

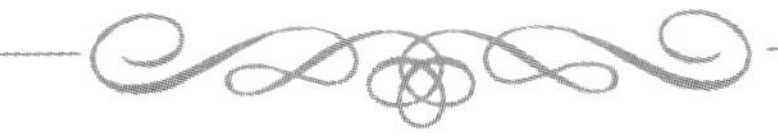

不会与孩子谈心的父母，是个不称职的父母。

一位教育家曾经说过：“父母教育孩子的最基本的形式，就是与孩子谈话。我深信世界上最好的教育，是在和家长的谈话中不知不觉地获得的。”这句话的关键在“不知不觉”四个字上。“大象无形，大音希声。”教育也是一样，怎样让教育在孩子不知不觉中完成，和孩子谈心是一种很好的方式。

很多家长与孩子说话都是目的性很强的，“你今天在学校表现怎么样？”“作业写完了吗？”“你的屋子马上收拾一下。”……好像没有事情就想不起孩子来。而孩子只要一看见父母开口，往往有防御戒备心态，觉得“又来给我上政治课了”，于是不乐意接受与家长的谈话。很多孩子在谈到父母时这样说：“爸爸妈妈挺烦人的。”因为他们觉得父母并非真正懂得自己的心。

所以，有的时候，即使家长想和孩子谈谈心，也是无计可施，一筹莫展。

“每回我要跟孩子聊聊，他却总是爱理不理的。”“如今孩子的心思很难捉摸，与他谈什么呢？”“我想和孩子沟通，却不知道具体怎么办。”

一个上初一的12岁孩子，在自己的卧室门上挂了“请勿打扰”的牌子。这很让他妈妈费解，是做妈妈的错了，还是孩子已经独立到了非要用“请勿打扰”来拒绝父母？她难过地说：“自从挂了那块牌子，我觉得好好的一个家变成旅馆了。”

而孩子却不停地摆弄着那块“请勿打扰”的牌子说：“我用自己的零花钱买下这个牌子后，心里特别高兴，觉得这样挺好的。”

要想改变这种“有话不能说”的局面，首先要改变的是父母，父母要放下架子，像朋友一样与孩子谈话。因为谈心是一种轻松的交流方式，一方高高在上是没法进行的。

李开复在一封致中国家长的信中这样写道：“在你心里，你的孩子可能永远长不大，但很多孩子在15岁或更早的时候就愿意把自己当做大人来考虑，这时家长完全可以用成人的谈话方式和孩子讨论问题，而不再用完全的‘家长’的谈话方式。比如理想、学习动力、玩耍、事业心、为人处世、爱情、家庭等问题。”

只有双方平等，气氛轻松，孩子才可能敞开心扉，与父母自由自在地谈天说地，畅所欲言，两代人才能通过谈心的方式相互沟通，相互理解。不少父母虽然重视亲子沟通，却没有掌握方法，反而在自己与孩子之间筑起了一道“交流沟”。这其实跟家长自身的角色定位有关。家长高高在上的教育态度，甚至动辄训斥或打骂孩子，会形成人为的“代沟”，从而和孩子难以沟通。

因此，要想能够走进孩子的心里，与孩子敞开心扉地谈心，需要做到以下几点：

（1）选择适宜的场合和时机。

良好的环境、轻松的气氛更容易使彼此打开心扉。谈心时，家长可以尝试在公园里，或者在孩子喜欢的娱乐场所里交谈。除此之外，家长和孩子谈心时，还应抓住时机，注意孩子当时的心理状态。家长、孩子双方都在气头上不宜谈心；家庭气氛不正常不要谈心；孩子刚刚犯过错误，还未来得及认真思考、反省，也不要谈心。只有双方都心平气和的时候，很随意地开启话题，并像对待朋友一样自然地聊天，孩子才会更容易进入状态。

（2）谈话前家长要心中有数。

为什么谈心，针对孩子的什么思想，解决孩子的什么问题，要做到胸中有数，在谈话时，围绕主题进行双向交流，使孩子有所得。如果遇到了敏感的问题，也不要回避。对于不宜直接说的，可以采取侧面启发的方式，不要态度暧昧，使孩子感到无所适从。

（3）因人而异，选择方法。

每个孩子都是不同的，都有自己的性格特点以及喜好等。这就需要父母根据自己对孩子的了解，选择适当的谈话方法。不要触及孩子的“禁区”。性格开朗的孩子，父母可以开门见山，直接向孩子表明自己的态度和想法；性格内向敏感的孩子，父母可以通过讲故事或笑话等方式，引起孩子谈话的兴趣，然后顺势引导到谈话的主题上来。

(4)语言要简练风趣,时间不宜过长。

与孩子的谈话达到目的就行，不要没完没了，最终把孩子的耐心磨没了，反而过犹不及。谈心可以随时进行，但不要长谈，只求效果。另外，与孩子谈心就像与朋友聊天,不要过于严肃,不妨语言幽默一些,谈话能够在快乐中进行。

7. 简练忠告比唠叨有效

很多时候，孩子难免会犯一些“低级”错误，有些父母常常在事前提醒，事后责骂，千方百计去补救，结果是大人操碎了心，磨破了嘴皮，孩子却一点感觉也没有，甚至还嫌大人烦。下次呢，该错的还错，该忘的还忘。

这个时候，爱孩子的父母难免不耐烦地唠叨几句，但是孩子对此还是不买账，有些孩子甚至因此不愿意回家，不愿意和父母交流。

很多家长也觉得自己很委屈：“孩子身上有那么多问题和毛病，社会上又有那么多危险的诱惑，我们做父母的少说一句，孩子就可能犯错误，少说一遍，孩子就会忘记正确的做法。少说行吗？”是呀，不说不行，说多了又不听，该如何是好？

生活中，有个现象可能给我们一些启发，在很多家庭中，平时照顾孩子、教育孩子的重任都是由妈妈完成的，细心的妈妈替孩子考虑得很全面，事无巨细都要提醒嘱托，但是孩子对妈妈的话并不在意，反而是一直不管孩子的爸爸，一句话孩子就能认真去做。尽管妈妈感到愤愤不平，但是也无计可施。

细想其中的道理，孩子在渐渐长大，再也不是渴了要妈妈喂水，饿了要妈妈拿饭的幼儿了，家长的适度引导和劝诫是必要的，也是必须的。但家长也要注意，教育不是简单的唠叨。一件事情说一遍与说十遍的效果是一样的，而且后者的效果不一定好于前者。爸爸的话之所以比妈妈的话起的作用大，就是因为爸爸说的少，一句话孩子就记住了，少说所取得的效果往往比多说更好。

所以随着孩子的成长，父母要随之改变自己的教育方法，那就是不要再事无巨细地唠唠叨叨，而应该前瞻性地给孩子一些忠告。这样做孩子更容易接受。

柯拉克教授于1995年荣任哈佛商学院院长，他在一次演讲中坦言，小时候父母给自己的忠告正是自己成功的源动力。

每天早上他离开家准备上学时，母亲都会低下头来盯着他的眼睛说："你今天是要出门去当领袖的，千万要明辨是非，可别让人家牵着鼻子走，也别忘了你是谁。"母亲每天都会嘱咐他，走出家门后，不要忘了自己的责任、家人的名誉、父母的期望和梦想，也不要忘记你有光明的前途，美好的机会就在眼前，你可以让世界变得更棒。

如果他做功课不认真，马马虎虎，母亲就会说："你不够努力，该做的事情就要好好做。"当时学的很多东西早就已经忘记了，但母亲的这条忠告却一直留在了他的记忆深处，至今仍是他行动做事的原则。

另一个事例来自被誉为"全球第一CEO"的杰克·韦尔奇。

韦尔奇出生在一个典型的美国中产阶级家庭。作为独生子女，母亲对儿子的关心却更主要地体现在提升其能力与意志上。她给了杰克三条非常重要的忠告:坦率的沟通,面对现实,并且主宰自己的命运。后来,韦尔奇把这些忠告运用到了通用电气公司的改革当中。

在韦尔奇的一生中经历过很多失败,但他总能坦然面对,这种坦然来自于母亲的忠告。他是在一场冰球比赛结束后得到这条忠告的。那是韦尔奇在塞勒姆高中读最后一年。他所在的球队已经连续输掉了六场比赛,他们想在与贝弗利高中的对垒中赢得比赛。但最终事与愿违,他们还是输了。韦尔奇沮丧至极,愤怒地将球棍甩向场地对面,然后头也不回地冲进了休息室。

正当大家沮丧地换下比赛服的时候,韦尔奇的母亲大步闯了进来,她径直走向韦尔奇,冲他大声吼道:“如果你不知道失败是什么,你就永远都不会知道怎样才能获得成功。如果你真的不知道,你就最好不要来参加比赛!”

韦尔奇深深记住了这条忠告。就在那一刻,他明白了竞争的价值,学会了体会胜利的喜悦和在前进的路上做好迎接失败的准备。

母亲总是警告他:“如果你不好好学习,你将一事无成。学习没有任何捷径可言,不要欺骗你自己。”这些生硬而又坚定的忠告每天都萦绕在韦尔奇耳边。

韦尔奇曾在很多场合坦率地说,母亲是对他的一生影响最大的人,母亲——格蕾丝·韦尔奇成就了“全球最受尊敬的CEO”“全球第一CEO”“美国当代最成功最伟大的企业家”杰克·韦尔奇。

一条有用的忠告可以影响孩子的一生,所以,父母要把教育变成忠告的形式留给孩子,这样才能更长久地帮助孩子解决好未来生活中可能出现的一切问题。

一位北京大学的女生说，激励自己不断努力的就是妈妈对自己说过的一句话：“因为你是我的女儿，你要坚强。”

另一位在IT行业发展得很好的男士也曾说过，自己之所以能克服发展道路上遇到的障碍，不断挑战自己，就是因为他离开家时父亲说的一句话：“跌倒了，要爬起来。”

那么我们该如何用忠告的方式教育孩子，和孩子沟通呢？

（1）把自己对人生的认识变成忠告。

很多家长认为，忠告都是那些有才能、有学问的人总结出来的，实际上并非如此。很多普通的人把自己对生活的感悟用简简单单的话说出来，教给孩子，孩子弄清楚了其中的含意，就终生不忘了。

（2）父母要多读书，加强自身的修养。

书是我们永远的朋友，要想在孩子的成长路上给孩子一些有益的忠告，父母必须丰富自己的学识，因为忠告是对人一生都起到作用的守则，随便说或者不正确都会误导孩子。

（3）给孩子忠告要抓准时机。

孩子在遭遇挫折或者人生选择时，会需要他人的帮助，这个时候用一句有力的忠告启发孩子，警醒孩子，都会起到巨大的作用。相反，平常的时候，家长的忠告可能会很苍白，起不到应有的作用，这个时候，家长要给孩子自己体验生活的机会，因为毕竟生活是他们自己的。

8. 冷静对待，不要打骂

父母都希望孩子上进、懂事，最好是别犯错误。可是，孩子由于自制力有限，好奇心强，总是不可避免地犯各种各样的错误。

面对下列情况，作为父母，你应该怎么办？

孩子为了掩饰错误在你面前撒谎。

你吩咐孩子做事，孩子不愿意做，还顶嘴。

孩子因为早恋导致学习成绩一落千丈。

孩子染上网瘾，上学时间偷偷去网吧。

孩子偷了别人的东西，你被老师请到学校。

……

相信，很多家长会火冒三丈，大打出手，首先，要通过惩罚孩子的方式发泄一下自己的不满，但是这样做会起到应有的作用吗？打骂确实可以震慑一下孩子，但是副作用也很明显。

于非是个乖巧的孩子，做什么都要看父亲的脸色行事，在他的记忆里，父母都忙于自己的工作，父亲从没带他出去玩过，对他的教育很严厉。有一次，他和同学出去玩，一时兴起，忘记了回家的时间，等回到家里，迎接他的是父亲劈头盖脸的痛骂，还有狂风暴雨般的暴打，那天晚上，于非没有吃晚饭，哭了半夜。

从此以后，于非变得谨小慎微，从不和同学出去玩，也从不和父母交流，除了写作业，就是一个人上网、看电视。别人看来，于非父亲的管教是很成功的。

但是，很快，于非的父母就尝到了苦果。高考结束后，于非落榜了，暑假里整天在家待着，除了上上网，打打游戏之类，就无其他的活动安排，意志日渐消沉，精神逐渐颓废，自己懒得跟同学联系，同学的邀请也基本回避，作茧自缚式地把自己困在家里。对于于非异常的言行举止，父母看在眼里，疼在心里，比谁都着急，却又无计可施。

心理学实践证明，存在心理问题的孩子，大多是因为父母采取了“单向教育”，他们不了解孩子的内心，刻板地说教、粗暴地打骂、无情地强制、精神上的虐待，不仅恶化了亲子关系，还让孩子丧失了安全感和归属感，从而影响孩子的身心健康和个性的健全发展。

所以，父母在得知孩子的不良行为后，首先要冷静对待，不要在情绪极端恶劣时，采取简单的教育方式。因为我们面对的孩子是一个有尊严的人，不管他犯了多么严重的错误。

父母动怒的时候，往往口无遮拦。有时候，在父母看来，说得越难听，越能提醒孩子注意。实际上，对于孩子来说，越难听的话越伤害他的自尊，越表示父母不喜欢他。可见，许多话是有严重后果的，父母绝对不能说出口。

下面列出的是一些父母语言中的禁忌语：

“给我滚！就当我没有你这样的儿子！”

“你以为你是谁，你可是我养大的！”

"妈妈不要你这种不听话的孩子，现在马上给我滚出去！"

"你简直一无是处！"

"养个你这样的孩子,我真是倒了八辈子的霉！"

……

从教育学的角度来看，孩子犯再大的错误，父母在教育的时候也应该冷静处理，采取对事不对人，让孩子认识到自己所犯的错误，督促孩子改正错误才是教育的根本，绝不能用恶毒和刻薄的言语去责备孩子,污辱孩子的人格。

父母极端的情绪和处理方式不但不能让孩子认识错误,反而可能激发孩子的逆反心理,强化孩子的坏毛病。反而是家长的冷静对待,能够引发孩子的自我反省。

日本儿童教育家多湖辉在他一本关于子女教育的专著中曾讲了一件自己的亲身经历：

多湖辉念中学时,校风非常严格,课堂上答不出问题,就要留校补课。老师用心良苦，而他却并不感激，而且对老师抱憎恨态度。他一向成绩不好，经常被留在学校，于是只想如何在学校捣蛋。在高年级时,他和一群劣等生引起了一阵轩然大波:捣毁了存放军训教材和枪械的教室。事后，他们才发现事情太严重，面临被退学的危险。回到家里,他准备接受母亲的责打,但母亲却只说:"现在你要后悔也来不及了,过去的事已无法挽回。这次滋事的后果,我想你心里有数,所以我也不再说什么了。你可能会被勒令退学,你就想想将来该怎么办吧!"

这些话比任何打骂更令他深感内疚和后悔,于是他发誓此后绝不再给母亲带来任何麻烦。事实也证明他做到了。

孩子有了不良行为，犯了错误，他们自己也是有愧疚的，有改正的要求的，而且也会想办法改正，问题是父母怎样对待，怎样启发他们认识错误。简单地责骂孩子只会引起孩子的反感，甚至使原来本可以反省的，也不去反省，因而又重犯错误，一而再，再而三。所以当孩子一再犯错误时，一定要认真思考，冷静对待。

那么，怎样在日常生活中，做到冷静对待孩子的错误呢？

（1）不要马上表达自己的意见。

前苏联教育家赞可夫说过："当你满腔怒气要发作的时候，要先克制几分钟，想想我是老师，这样你就能平静下来了。"对于父母来说也是如此，当你的情绪达到愤怒的顶峰时，什么也不要做，找个没人的地方冷静几分钟，再回来处理问题。

（2）不要针锋相对，以牙还牙。

在法国发生了这样一则故事：

阿兰·马尔蒂是法国西南小城塔布的一名警察，一天晚上他身着便装来到市中心的一间烟草店门前。他准备到店里买包香烟。这时店门外一个叫埃里克的流浪汉向他讨烟抽。马尔蒂说他正要去买烟。埃里克认为马尔蒂买了烟后会给他一支。

当马尔蒂出来时，喝了不少酒的流浪汉缠着他索要烟。马尔蒂不给，于是两人发生了口角。随着互相谩骂和嘲讽的升级，两人情绪逐渐激动。马尔蒂掏出了警官证和手铐，说："如果你不放老实点，我就给你一些颜色看。"埃里克反唇相讥："你这个混蛋警察，看你能把我怎么样？"在言语的刺激下，二人扭打成一团。旁边的人赶紧将两人分开，劝他们不要为一支香烟而发那么大的火。

被劝开后的流浪汉骂骂咧咧地向附近一条小路走去，他边走边喊："臭警察，有本事你来抓我呀！"失去理智、愤怒不已的马尔蒂拔出枪，冲过去，朝埃里克连开四枪，埃里克倒在了血泊中……

法庭以"故意杀人罪"对马尔蒂做出判决，他将服刑30年。

一个人死了，一个人坐了牢，起因是一支香烟，罪魁是失控的激动情绪。

当孩子顶撞你时，如果你再针锋相对，以牙还牙，只能使事情变得更加糟糕。不要把这看成是一场权力之争，没有必要非得分出个输赢不可。

你可以率先回避，等双方冷静下来再讨论事情的解决办法。

(3)对孩子要有足够的耐心。

孩子终归是孩子，他们的自制力比较差，也许不能"一次"就改正坏毛病、坏习惯，父母在这个时候，要表现出足够的耐心，宽容孩子，让他们逐渐地认识错误、改正错误、远离错误。

9. 适当沉默，让孩子自我反省

很多家长都不知道，有时候沉默也是亲子之间的沟通方式，父母在与孩子沟通的过程中，如果能够有技巧地使用沉默的方式，不仅能够减少亲子冲突，而且能够起到较好的教育效果。

美国教育家塞勒·塞维若说："犯错之后，每个人都会或多或少地有沮丧和后悔的心理。对于性格好强的孩子来说，与其喋喋不休地数落其错误，倒不如保持沉默，给他们认识错误的空间。"

有这样一个真实的故事：

有一个学生常常缺课，有人把状告到了校长那儿。校长经过了解，发现他又去了康乐球的摊位上。于是，这位校长就跑到摊位，默默地站在他背后。他偶然回头发现校长在严肃地看着他，一言不发，便本能地放下球棒，背起书包，一声不吭地跑回学校。一路上，校长没说一句话，自知理亏的他也不敢吭声。到校后，校长只用手朝教室一指，他便进教室去上课了。接下来的几天，校长也不提起这事，更不找他。结果，他感觉自己这几天似乎心事重重，便不由自主地到校长办公室找到校长问："校长，你什么时候批评我啊？"校长说："不必了，你现在已经能按时到校上课了，再也不迟到、不旷课了，又没有什么错误，我批评你什么呀？”他如释重负地笑了，校长也满意地笑了。

这位学生，现在已工作多年了，自己也有了孩子了。可是，他对这件事总忘不了，记得很清楚。他说：“如果校长当时骂我一顿，我也许早忘记了。校长越是不说，我自己就越想得多，真是此时无声胜有声啊！”

这个例子生动地描绘了“无声效应”的巨大作用。

前苏联教育家马卡连柯认为，和孩子交流，光靠谈话获得的帮助将是很少的。当看到谈话没有必要的时候，就任何的话也不再说了。适度地沉默会引发孩子自我反省、自我批评，这种教育效果比谈心的效果会更好。

我国一位儿童教育专家也说：“其实，大多数孩子对于错误都能够自己察觉到，父母的批评可能会起到当头棒喝的作用。但批评过多，也许反而会让孩子对错误采取无所谓的态度。如果你的孩子再次犯错，请你保持沉默，试试看，他自己能否意识到错误。”

张楚天和同学因为一件事闹了误会，最后大打出手，把同学的鼻子打流了血。第二天他的爸爸被老师叫到了学校，爸爸听后很生气，但他采用了老师的建议，回到家里没有提这件事，吃饭、看电视、睡觉……好像什么事都没有发生一样。张楚天本来准备了一大堆理由对付爸爸，甚至做好了挨打的准备。可是爸爸连看他一眼都不看，张楚天在自己的屋子里转来转去，猜不透是怎么回事。就这样过了好几天，他再也忍不住了，一天饭后，他走到爸爸面前说：“爸爸，我错了，我和同学只是一点误会，我不应该出手打人，下次我不那样做了，您批评我吧。”这时，爸爸的火也消了，只说了一句："知道错了就好，下次不许再犯了。"同时扣除了张楚天一个星期的零花钱，作为那个同学的医药费。对此，张楚天心服口服。

为什么沉默会取得良好的教育效果呢？一是父母的沉默会给孩子造成一种沉闷的心理压力。孩子往往摸不准家长在想些什么，但有一点是肯定的，今天的行为一定很严重或者是惹父母生气了，以后不能再这样做了。二是沉默会造成孩子心理上的一种期待，期待父母的批评早日到来。当这种期待没有出现时，孩子会感到不安、焦虑。三是沉默会留给孩子一个思考空间，这时孩子处于高度敏感状态，往往更容易对自己的行为做出更多的反省。父母没有批评却能同样起到批评的效果，且这种批评是发自孩子内心的。

但是，沉默的方式也不是处处都能奏效的。它与孩子所做错事的轻重、性质，孩子的性格以及平时常用的教育方法等有着密不可分的关系。我们只有善于分析，恰当地把握时机，才能收到此时无声胜有声的效果。

（1）在孩子犯严重错误时保持沉默。

父母若发现孩子犯较严重的错误而又弄不清楚真实情况的时候，为使孩子不隐瞒过错，及时纠正错误行为，可以作沉默不语状，让孩子在父母的无声中感到震惊和压力，自觉把问题讲清楚。这样父母可以对症下药，因势利导。

（2）在孩子行为不检点时保持沉默。

父母若发现孩子语言轻狂放肆或行为不够检点时，可以采取沉默的态度，使自己显得和谐而稳重、慈祥而威严。这样，孩子就会感到父母身上有一种令人敬畏而又神秘的力量，于是会自觉地收敛起不良行为。

(3)用沉默代替批评。

父母在批评和劝诫孩子时，最容易犯的毛病是当众把孩子说得一无是处。这种批评方式和态度，容易伤害孩子的自尊心，导致孩子的抵触和反感。因此有时候用无声沉默来代替对孩子的直接批评和斥责，反而可以达到预期的教育目的。

10. 积极暗示，正面影响

有时候，父母不用把自己的意思说出口，也能和孩子进行交流，比如使用手势、眼神等暗示孩子。这种交流方式在特定的场合比把话说出来更有效果。

比如，在公众场合，孩子的言行影响了其他人，这时候有经验的父母会用眼神暗示孩子注意自己的言行，这样做既让孩子保全了面子，又让孩子体会到自己的错误。如果父母直接当着众人面指责孩子，孩子除了自尊心受损，情绪低落外，还可能顶撞父母，甚至上升为亲子冲突。

暗示教育最大的特点就是"暗"，即在潜移默化、不知不觉中影响孩子稚嫩的心灵。

在动画片《大头儿子和小头爸爸》中，有这样一个故事：

当大头儿子去小朋友家玩的时候，他将小朋友的玩具拿回了家。爸爸发现大头儿子拿了别人的玩具，在大头儿子要求爸爸把玩具放到玩具柜里的时候，爸爸故意说："哎呀，怎么放不上去呀，原来这个玩具不是我们家的，玩具想自己的家了！"这时，大头儿子意识到自己拿了别人的玩具，然后，爸爸就带着大头儿子把玩具送回小朋友家里。

第二天，当小朋友来大头儿子家玩的时候，也将大头儿子的一个小玩具熊拿走了，大头儿子在收拾玩具的时候，怎么也找不到自己的小熊，心里很着急。

这时，在父母的教育下，小朋友也将玩具小熊送了回来。大头儿子非常高兴。爸爸妈妈及时地教育道：“大头儿子，你说可不可以拿别人的玩具呀？你看别人拿了你的玩具，你多着急呀！”

当父母要求孩子怎样做时，孩子往往会产生排斥感；当孩子自己意识到应该怎样做的时候，他则会努力去做。而暗示正好给了孩子自我反省的机会，激发孩子做得更好。

前苏联教育家苏霍姆林斯基说：“任何一种教育现象，孩子在其中越少感觉到教育者的意图，他的教育效果越大。”

暗示有很多方式，它包含语言暗示、行动暗示、事物暗示等，用暗示的方法提醒孩子，可以达到让孩子自己醒悟的目的。

但是暗示也是一把双刃剑，其作用可以是积极的也可以是消极的。积极的暗示能促进孩子健康成长，培养良好的性格和心态。与说服教育相比，正确的暗示更有利于融洽教育者与被教育者之间的关系，使教育含蓄委婉，无形中培养孩子良好的道德意识、行为举止以及坚强的情感意志。消极的暗示则是孩子心灵的腐蚀剂，除了让孩子情绪低落、产生自卑和自弃心理外，还可能误导孩子接受某种错误的信息或概念。

这一观点得到爱丁堡大学教育心理学马丁教授的证实。他把一群孩子随机地分成两组，然后告诉老师，A组是优等级组，在智力、意志品质和特长上明显较好；B组则相反。老师受到这种信号影响后各自开始相同课程的教学。一个学期后,A 组的成绩和各项测评真的优于 B 组。后来又经过几组实验,这一原理同样被证明。

另一项来自马丁教授的调查表明：几乎 90%在品质、意识和智力方面有杰出表现的人,在自己的童年或少年时期都受到过来自亲人的积极的暗示,最多来自母亲,有的来自父亲、老师、祖父母等等。

所以,家长一定要慎重使用暗示。

爸爸妈妈带孩子去餐馆跟朋友一起吃饭。饭桌上,孩子把不爱吃的青菜都从碗里挑了出来。妈妈看到后,跟朋友说:“这个孩子,就是不爱吃青菜,真不知道该拿他怎么办!”这样做就是消极暗示,孩子可能从此看到青菜就挑出来。

同样的情况,家长可以采取换一种暗示的方法,妈妈在家里可以故意跟爸爸讲悄悄话(让孩子能听到):“你知道吗?现在我们家孩子不挑食了,开始吃一些青菜了,他还把学过的儿歌说给我听,‘吃饭了,快坐好,慢慢吃,细细嚼,不掉饭粒不撒汤,鱼肉蔬菜都吃光’。不信吃饭的时候你偷偷观察一下……”孩子听见这些话,一定会在饭桌上努力表现的。

父母使用暗示的沟通方式要注意以下几点：

(1)暗示要充满真挚的爱。

有位成功人士回忆说：“我母亲从不对我的学习提任何建议,虽然她一个字也不认识,但她对我有着巨大的影响。我现在把它称为‘母亲的暗示’。几乎从一生下来,她就不断发现许多我身上一些特别的东西,并总是以自豪的、不加掩饰的赞赏的口气说出来。比如：‘这孩子太不一般了，他看一样东西总是目不转睛。’‘看看，我们的孩子，他的精力多好，总是手脚不停。’‘看看这孩子真不简单，吃这么苦的药，一声不吭。’‘你看，他的力气真大，这么重的东西他都能拿得起。’如此种种。”这位妈妈的这种暗示完全出于本能和爱，所以这种称赞本身就毫无夸张和虚饰，让孩子真的以为自己一定很出色。结果，这种暗示被孩子所接受，他真的表现得很出色。

(2)暗示的作用对孩子越早越好。

暗示的作用对孩子来说，越是早期越有较深远的作用。尤其是父母，与孩子的关系越亲密，作用越明显。如果母亲对孩子的暗示是消极的，那结果一定也是悲剧性的。

(3)父母的所作所为也是一种暗示。

我们常说父母要给孩子做出榜样，就是因为父母的所作所为对孩子也会起到一种暗示作用，所以父母要在平时规范自己的言行，让自己的言行无形中正面引导孩子。

比如，在看到孩子把东西放得乱七八糟的时候，你可以拉起孩子的手，一起来收拾东西，并要特别注意怎样放得整齐有序，孩子就会学着你的样子来做。

11. 书信沟通，深入孩子心田

随着时代的发展，书信这种沟通的方式离我们越来越远了，也许很多家长一辈子也没有给孩子写过信，觉得麻烦。孩子在身边，有什么事情直接谈就好了，孩子不在身边，打电话谈话多省事，所以，书信几乎被我们忘记了。

其实，有时用书信和孩子交流是十分必要的。《曾国藩家书》《傅雷家书》都是在教育孩子方面有借鉴意义的经典书信，凡是看过《傅雷家书》的人，都会为那位称职、细致的好父亲所感动。当儿子在学习中遇到困难时，傅雷在书信中告诉儿子在学习时应注意哪些问题；当儿子到了该谈婚论嫁的年龄时，父亲又及时把自己的人生经验告诉他。可能看过这本书的孩子都会想：要是自己有这样一位父亲，那该多好啊！我们的父母们何不效仿一下傅雷，让你的教育也颇有成效呢？

德国教育家老卡尔·威特说过："有时候，对于某些我觉得不便用口头表露的情感，我会把要表达的意思以书面的形式，写在纸条上，这使它们加重了自身的分量，并显得更加真实可信。"书信这种交流形式有很多的好处是其他方式不具备的。

首先，书信能够完整细腻地表达写信人的情感和意图。

这个效果是其他交流方式无法比拟的。写信时，家长有时间字斟句酌，一些不好说、说不好的话语，可以得到恰当的表达，情感更容易流露于字里行间，从而使父母与孩子的交流更加融洽。

其次，写信可以避开亲子双方情绪的干扰，尤其是对一些情绪不稳定或自尊心极强的孩子来说，无疑是一剂很好的良方。很多时候并不是说话的内容出现了问题，而是情绪在对抗，而写信可以避免这种情况出现。

最后，书信有利于孩子进行自我教育。一封好的书信，毫无疑问，对孩子有很好的教育和鼓励作用。孩子在读信或是给父母写回信时，都会从中总结经验教训，进行自我教育，净化思想灵魂，提高品德修养。

焦作市一位姓周的家长曾经为沉迷于网络游戏的儿子伤透了脑筋。儿子小龙以全年级前 10 名的成绩考入焦作市一所重点高中，但是，半年后，小龙却迷上了网络游戏，学习成绩一落千丈。

小龙的父亲老周是一位从事教育工作的家长，在劝说、打骂等方式无效后，老周在儿子进入高三时想到了用书信的方式来和儿子沟通。

这天，老周把自己想说的话都写在一张纸上，并悄悄地放在了儿子的书桌上。

他在信中写道："我上小学时，有一段时间心浮气躁，不想上学。爷爷狠狠地打了我一顿。这一打，打出了一个大学生，我走出了黄土地，摆脱了面朝黄土背朝天的命运。我很爱你，不舍得打你。你是个有出息、有毅力的孩子，相信你会刻苦努力，考出好成绩。"

尽管儿子看了信后并没有什么反映，但是，老周并不气馁。他每天都把自己想说的话写在一张纸上，放在儿子的书桌上。

几天后，老周发现儿子虽然嘴上不说什么，但是，他却把父亲的信好好地保存起来了。同时，老周也感觉到了儿子的细微变化，这更加坚定了老周写信的决心。

刚开始，老周给孩子写信的主要目的是帮助孩子摆脱网络，戒除网瘾，因此，信中的内容主要谈如何拒绝诱惑。后来，老周发现自己与儿子要谈的话题越来越多，谈理想，谈感情，谈周杰伦，谈NBA，谈姚明，谈人生，谈学习，谈读书，延伸到生活的很多领域。有时候确实没有什么可写的，他就给儿子摘抄一些名言警句，或者一个教育小故事。

不到两个月，儿子就摆脱了网瘾，全身心投入到学习当中。老周给儿子写信坚持了整整一年，与儿子的关系也越来越融洽。儿子开始主动与老周谈自己的想法。最后，儿子考入了一所知名的大学。

书信能够让父母平心静气地与孩子进行情感的交流，例如，父母可以通过书信把自己青春期的经历和感受告诉孩子，也可以在书信中提出一些对孩子的希望等。父母还可以利用身边或社会上发生的事件与孩子一起进行讨论，向孩子阐述自己对一些敏感问题的看法，为避免一些问题的发生应该采取的预防方法，以及事件发生之后应该采取的解决问题的方法。

同谈话相比，书信比较理性，不会由于观点的不同而发生冲突，而且，孩子一般也容易接受父母在信中阐述的观点。

有一对父母因为工作很忙，中午都不能回家照顾儿子。

为此，妈妈一般提前为儿子准备好午饭，让他中午回家热热吃。同时，妈妈嘱咐儿子吃完饭可以自己在家看看书，复习学过的知识，但不准上网。

儿子爽快地答应了，并说自己已经长大了，不用父母为他操心。妈妈想，反正儿子已经读初中了，该让他自己锻炼锻炼了。

可是，有一次妈妈晚上回到家，发现电脑桌有些乱，记得早晨走时明明整理过，而现在却好像被动过了。于是怀疑儿子趁自己不在家偷偷玩电脑，不过，也许是孩子爸爸用了电脑呢？

爸爸下班之后，说他没有动。为了不冤枉儿子，妈妈决定还是再求证一次。这次，她仔细地把电脑桌整理好，并特意在电脑桌布上做了一个很难发现的记号。晚上回到家，到电脑桌前一看，早晨特意做过的记号没了，电脑被动过了。这说明孩子趁父母不在家偷偷玩电脑！妈妈的火腾地一下蹿上来。如果儿子当时在身边，绝对逃不过妈妈暴风骤雨般的训斥。

妈妈在厨房一边做饭一边想如何狠狠地教训儿子，可是，她想起前段时因为儿子痴迷篮球，经常晚归，自己生气地训斥他，还动了手。儿子却是满不服气，甚至摔门而去，而后母子之间整整一个星期没有说话。

妈妈想到这里决定改变一下策略，她想起过去夫妻间闹矛盾，丈夫给自己写了一封情意绵绵的信，一下子就化干戈为玉帛的事情，决定给儿子写一封信。

儿子回来后，妈妈什么也没有说。晚上，妈妈坐在书桌前，用心地给儿子写起信来。对儿子偷偷上网的事，她一句责怪的话也没有说，只是告诉他，他是父母的骄傲，懂事、诚实、学习努力，现在，他已经长大了，应该知道什么事情该做，什么事情不该做，应该学会对自己的一些行为负责……第二天，妈妈仔细把信折好放在儿子的枕头边。

儿子放学回家后，吃完饭，走进自己的房间，再也没出来。事后，妈妈收到了儿子给她写的一封信，儿子在信中真诚地承认了自己的错误。

一封信轻松解决了以往大吵大闹都解决不了的问题。

其实，对于孩子做错事，很多家长往往是恨铁不成钢，难以控制自己的情绪，当父母以这种方式与孩子沟通时，事实上就是以自己的负面情绪来责骂孩子。如此的沟通方式，将会使孩子的不良行为加剧。作为情感载体的书信，往往滤去了父母对孩子的失望、责骂等不良情感，凸显出了父母的鼓励、殷切的期望、循循善诱的教导、真挚的关爱之情。这些，都能够给孩子成长的养料，鼓励孩子积极向上，促进孩子与父母之间的良好关系。尝试用写信的方式，艺术地、迂回地和孩子沟通吧，孩子更容易接受，教育的效果会更好。

另外，当孩子出现各种问题时，如果父母有意识地与孩子进行交谈，孩子往往会怀有戒备心理，有意识地回避父母，不愿意与父母进行沟通。这时候，父母可以采用书信的方式，让孩子在无声的语言中接受教育。

给孩子写信交流时，要注意以下几个问题：

（1）给孩子写信要抓住时机。

写信这种交流方式虽好，但是也要抓住时机才有好的效果。有几种情况比较适合给孩子写信：孩子情绪低落时；遇到重要问题需要讨论时；有些敏感问题要说明时；孩子需要鼓励时……只有在这些时候，家长给孩子写信才会起到好的效果。

（2）给孩子写信措辞要严谨。

家长给孩子写信，要三思后下笔，因为很多书信都会被孩子反复阅读，甚至保存终生，对孩子的意义重大，所以，家长要认真考虑后再动笔，不要轻率为之。

（3）有些难于启齿的问题，父母们不妨也采取书信的方式。

性的话题是孩子成长中避免不了的，父母为了对孩子进行性教育，解开孩子心中的一些迷惑，可以采用书信的形式。比如关于性生活、自慰、遗精等问题，父母可以写个小纸条放在孩子的枕头旁，通过科学的解释，让孩子有正确的认识，学会正确把握这些问题，保持着良好的状态。

第三章 倾听孩子心灵的声音

qingting haizi xinling de shengyin

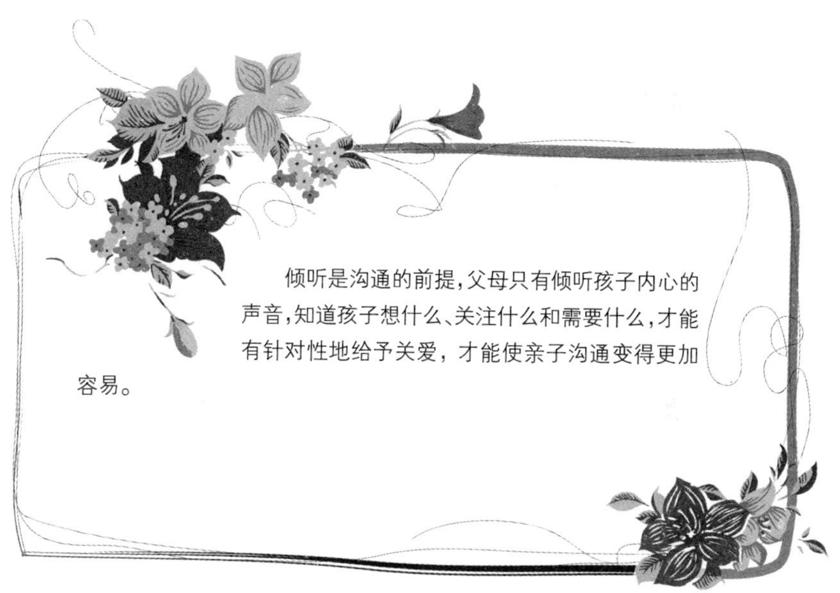

倾听是沟通的前提，父母只有倾听孩子内心的声音，知道孩子想什么、关注什么和需要什么，才能有针对性地给予关爱，才能使亲子沟通变得更加容易。

1. 用爱的心情倾听孩子

与孩子谈话说起来很简单，总共只有两方面的技巧：一是怎么说，二是怎么听。有时候“听”比“说”在交流中更重要。

德国教育家老卡尔·威特说：“我在教育卡尔的过程中，渐渐掌握了一些与孩子进行沟通的经验，其中之一我称为‘倾听的艺术’。”

倾听孩子，表面上不是一件困难的事，可实际上却不是这样，在生活中，很多家长养成了习惯于说、不习惯于听的倾向，只要求孩子听自己说，却忽略了孩子的需要。

长春的一位记者曾经在长春市文化广场上对一些3岁至9岁的孩子的父母进行了随机采访。

在采访中，这些父母都被问到了下面这些问题：

“宝宝最喜欢你穿什么样的服装？”

“他今天最想做的事情是什么？”

“他告诉你自己为什么喜欢和某个小朋友交往了吗？”

“他做的每件错事你都听他申辩过吗？”

“你每天有固定时间段听宝宝讲自己的事情吗？”

遗憾的是，面对这些问题，这些父母都觉得非常惊奇，甚至有些父母表示，这些问题他们从来没有注意过。

对此，吉林大学第一医院医生杨鹏认为，处于成长期的儿童，明辨是非的能力虽不是很强，但也有他们独特的思维方式。主动听孩子倾诉，父母不仅可以走进孩子的心灵，而且能帮助孩子提高认识问题的能力。

据说，向杂志投稿，打电台热线电话倾诉烦恼的人中，有很多都是本来应该无忧无虑的孩子，令人感到吃惊的是，这些孩子竟有那么多难言的苦衷，更令人担忧的是，为什么他们的倾诉对象不是最亲近的父母呢？

身为父母，你肯定会抱怨“孩子不愿意与我沟通”“孩子总是把事情闷在心里”，可是你有没有想过，孩子为什么不愿意与你沟通呢？

面对这样的情况，孩子会说：“父母不了解我，他们总是自顾自地讲大道理，从来不听我的想法！”“我说什么都被否定，我还有什么可以向他们说的？”

事实上，每一个孩子都是愿意与父母沟通的，但是，亲子之间的沟通之门往往被父母们在无意中关闭了。很多时候，我们的父母对孩子缺乏耐心，尤其是孩子的表达能力还不够强，父母就耐不住性子去倾听而粗暴打断孩子，或者置之不理，久而久之孩子就不愿意把心里话告诉父母了。

“知心姐姐”卢勤讲述了一件这样的事：

有个名叫小雪的初一女生吃安眠药自杀，经过抢救醒来后，拒绝跟爸爸妈妈对话，要见“知心姐姐”。事情发生后，卢勤赶到她家，走进了她的房间，小雪对父母说：“你们先出去吧，我想跟‘知心姐姐’单独谈谈。”

两人面对面地坐着，“真没想到，我还能见到您。我吃了半瓶安眠药，早应该死了。不知道为什么没有死，可能是我不该死吧，死了我也见不到您了。”

卢勤什么也没说，只是静静地听着。

“我是分两次吃的。第一次吃完，我想起爸爸妈妈都很爱我，我有些舍不得离开他们。可又一想，活着也太没意思、太累了！我又一次把药倒进嘴里。以后，我就什么都不知道了……”小雪平静地说着，好像是在讲别人的经历。

“死是很痛苦的，下决心死也不容易。你为什么想死呢？”卢勤心疼地问。

“活着更痛苦……”小雪接着说。

两个人谈得很投机，但实际上主要是小雪在讲。小雪表达能力很强，思维也很清晰。“你很有能力，讲的故事可以写部小说了。如果真死了，怪可惜的，也许中国因此就少了一位女作家呢！”卢勤情不自禁地说出对她的看法。

“我妈可不像您这样看。她对我要求很高，整天催着我学习、学习，弄得我很烦也很累。”说起妈妈，小雪眼圈红了。“妈妈为我操碎了心，老想让我为她争光，她活得也挺累。”

不知不觉，她们谈了将近两个小时。“好了，我心里的话都跟您说了，我觉得好受多了。我妈从来没有这样跟我说过话。”她是一边打着点滴一边跟“知心姐姐”卢勤谈话的。

几天后，当地教委的一个同志告诉卢勤，小雪很感激“知心姐姐”去看她，并对她妈妈说：“您瞧‘知心姐姐’，能微笑着听我说每一句话，听得那么专心，那么爱听我说。您可是从来没有这样听过啊！”

卢勤说："我真切地感觉到倾听的分量！小雪刚从死亡线上被救回来，第一个需求便是希望有人听她倾诉。没有人理解她，是她选择死亡的原因，而有人关注她的倾诉，又给了她生的希望。"

所以，父母爱孩子，首先要学会倾听孩子。

家长们应该知道，孩子小的时候，父母简单的爱抚、拥抱和嘘寒问暖就很容易使孩子体会到父母的爱。但是孩子长大后，开始有了自己的想法，有自己的爱好，那些简单的爱抚已经不适合孩子，也不适于作为亲子之间的有效沟通手段了。被大人们所了解是他们日益强烈的心理需求。父母学会倾听，使他们感受到被了解，被接纳，才能感受到父母无条件的关怀和爱，使亲子间的沟通更加通畅。

那么，我们在生活中该如何倾听孩子的心声呢？

(1)父母作为倾听者要给予孩子关注、尊重和时间。

不要认为孩子还小，什么都不懂，要关注孩子心里的感受，抽出时间和孩子聊天，引导孩子说出自己的困惑和不解，只有倾听孩子的心里话，知道孩子想什么、关注什么和需要什么，才能有针对性地给予孩子关心和帮助，也会使以后的沟通变得更加容易。

(2)父母要表现出倾听的兴趣。

有些父母，孩子才说两句，大人就不耐烦了："知道了！知道了！别烦我！""该干嘛干嘛去吧，谁有工夫听你说这些没用的！"于是，孩子十分扫兴。孩子说话时，父母要融入到孩子说话的内容中去，孩子诉说高兴的事，父母应该表示共鸣，和孩子一起高兴；孩子诉说郁闷的事，应该让他尽情地宣泄，并表示同情；当孩子诉说你不感兴趣的话题，你也应该耐着性子去倾听，表示您关注他的谈话内容……无论孩子说什么，都不要轻易打断，更不要肆意揣度孩子后面将要说什么或者随意下结论。有兴趣的倾听是对孩子的鼓励，便于你随时了解孩子的真实想法，遇到问题及时给予帮助引导。俄国伟大的作家契诃夫说过这样一句话：母亲之所以在教育子女方面不能由外人代替，就是因为她能够跟孩子同感觉、同哭、同笑……单靠理论和教训是无济于事的。

（3）父母要表现出专注的倾听态度。

送给孩子最好的赞美是让孩子知道，他所说的每一句话，你都认真听了。听孩子说话时，时时做出反应，比如：保持微笑，并常常做出吃惊的样子；睁大眼睛看着说话的孩子，很自然地用眼睛来表达你的兴趣和愉悦；用简单的话语来表示你的兴趣，诸如“真是这样吗？”“你的想法太好了，请继续说！”等。这样，孩子才会把自己心里的话全部说出来。

2. 耐心听孩子把话说完

有这样一个故事：

一个妈妈问自己5岁的儿子一个问题："有一天，你和妈妈一起出去玩，我们两个人都渴了，但是没有水喝，只有你的小书包里有两个苹果，你会怎么办呢？"小男孩说："我会两个苹果都咬一口。"虽然孩子还不谙世事，但妈妈的心里忍不住还是有些失落，她刚想开口训斥孩子几句，然后教育他该怎样做，但就在话还没出口的一刹那，她转了个念头，然后和颜悦色地问孩子："告诉妈妈，为什么呢？"小男孩天真稚气地回答："因为我想两个苹果都尝尝，然后把甜的那一个给妈妈吃。"妈妈把孩子紧紧抱住，非常庆幸自己让孩子把话说完了，不然，她怎么能听到后面那句那么动听的话呢？

耐心地把孩子的话听完，这看起来再简单不过的事情，多数父母却做不到。

"住口！""不用解释了！""不要再说了！""我都知道了！"父母们在处理孩子的事情时，往往显得有些专制和霸道，为什么不让孩子把话说完呢？父母们自以为对孩子的一切都了如指掌，许多事实证明，父母总是凭臆测来推断孩子的做法，让孩子感觉到父母不理解他，甚至冤枉他。

结果，孩子的逆反心理就越来越强，最终与父母形成了严重的隔阂，不愿意向父母表露自己的心声。一份调查显示：80%的儿童心理健康问题和家庭有关，特别是与父母对孩子的教养和交流沟通方式不当有关。

每个人都有自己的话语权，让孩子把话说完，就是对孩子的人格的一种尊重。父母不让孩子把话说完，一方面不利于孩子表达能力的提高，另一方面使孩子产生自卑情绪。孩子对着父母诉说内心的感受，是提高表达能力、增强社会交往能力的极好机会。将孩子的这一机会剥夺，孩子的表达能力得不到提高，在社会交往中就会出现表达困难，进而产生自卑情绪。而一个缺乏自信的人，很难谈得上心理健康，更难成为一个成功的人。

面对犯了错误的孩子，能够让孩子把自己的想法完全表达出来更重要，也许就是在这样的对话中，孩子受到了启发，开始了自我反省，最终走上了正确的人生之路。

有个新疆男孩叫李阳，因为上网成瘾辍过几年学，后来听说柳州铁路局有个叫杨顺德的干警是孩子的朋友，就每周给杨顺德叔叔打一个电话、写一封信诉说自己的苦恼。经过长达两年多的时间，在杨顺德叔叔的耐心帮助下，他戒掉了网瘾，到青岛一个技校学习。杨顺德作为一个身患癌症的普通民警，虽然没有专家那样的丰厚理论、渊博知识，多年来却靠着持之以恒的爱心和耐心，唤回200多名“浪子”回头，其中帮教时间最长的一个学生达5年之久。

有人问李阳为什么有话不愿意跟父母说时，他说：“我爸爸喜欢什么事都给我下定论。他什么事都还没搞清，就已经做好结论等着我了。有一次，我在学校赢了篮球，特别高兴，回家告诉妈妈，她却说，这么屁大点的事儿也值得你高兴？也值得你说？我心里非常受打击，以后有什么事都不愿意告诉她了。”

李阳还说：“杨叔叔跟他们最大的不同是他倾听我说话。我说什么，他都听。”

国内治疗网瘾最有名的心理医生陶然说：“中国的家长不尊重孩子、不倾听孩子。我想，所有孩子的问题，不管是网瘾、早恋、自杀，都跟孩子与成人世界的沟通渠道被阻塞有关。孩子的情感需求得不到满足，感到孤独，就到外面的世界里寻找寄托。”

让我们放平视线去看待孩子，用真诚宽厚的心去爱孩子，特别要时刻提醒自己：让孩子把话说完！

那么，父母如何在家庭教育中注意这一点呢？

（1）与孩子谈话时心平气和，有足够的耐心。

与孩子的每一次谈话，父母都要调整好自己的情绪，不能心浮气躁，轻易打断孩子的说话，会闹出很多误会，也会伤害孩子的心灵。

有位妈妈晚上下班回家，和孩子随便聊着天，孩子跑到客厅，拿了一张折叠的纸进来递给妈妈：“妈妈，您看。”妈妈打开，是一幅画，画的是一个妈妈拉着一个小孩的手，周围还画着树、花、小鸟，看上去很不错。妈妈随口问：“什么时候画的？”孩子回答：“是上英语课的时候，我……”孩子的一句话没说完，妈妈的火气就压不住了：“什么？上英语课你不好好听课，在下面画画，妈妈怎么告诉你的？怎么一点记性也没有？你说！”孩子的眼圈立刻有些红了，呆了一会儿，小声说："是英语老师让我们画的，明天是'三八'妇女节，老师让我们每人给妈妈做一张贺卡，我还没有写上字呢。"这时候，妈妈才意识到自己犯了一个多么严重的错误，不分青红皂白就劈头盖脸地训孩子，看着孩子委屈得要哭的样子，妈妈连忙把孩子抱在怀里，轻轻拍着他的背，对他说："对不起，宝贝，是妈妈错了，妈妈没了解情况，不应该训你，请你原谅妈妈吧。"孩子流着眼泪点点头，妈妈又安慰他："来，让妈妈看看你的画，给妈妈讲讲吧。"

孩子遇到问题，在向父母诉说时，父母稍不如意就会打断孩子，轻则训斥，重则打骂，但是到后来往往发现根本不是自己所想的那样。面对被伤害和误解的孩子，安慰和道歉固然是必须的，但如果让孩子把话说完再去发表自己的意见，不是能够更好地和孩子沟通吗？如果孩子遇到被打断的情况多了，难免会不愿意和父母说话，把自己的想法隐藏起来，那么我们就会失去孩子的信任，和孩子的距离就会越来越远。

（2）善于引导孩子，帮助孩子表达想法。

由于孩子的表达能力有限，所以，当孩子表述出现困难时，父母要引导孩子把事情说清楚。比如孩子说某老师讨厌他，但又说不清楚缘由，你应平静地问孩子："你怎么会得出这个结论的?举几个例子看看。"引导孩子把事情说清楚，说具体。

又比如孩子说："今天我特生气……"家长便应停下来问他："是吗?什么事情让你生气呢?""是吗？怎么会有这种事情？""真的吗？你一定很生气吧！"这种疑问式的语

气往往会让孩子更有倾诉的欲望。引导孩子说下去，千万不要训斥孩子："什么事情都说不清楚！"或者着急："到底出了什么事情？"使孩子害怕和家长讲心里话。

除了在孩子想说话的时候，让他尽情地说，还要在他沉默的时候鼓励他说。因为有的孩子根本没有为自己辩解的意识或者胆量。鼓励孩子说出心里的想法、不满或者委屈，会让他变得善于思考，也会使他的自主意识和表达能力得以增强。

（3）给孩子提供解决问题的建议。

孩子把话说完，父母才能清楚地了解事情的经过及孩子的想法，能够更加有针对性地来指导和教育孩子，同时，孩子也会觉得父母的教育合情合理，更愿意接受父母的意见，使教育变得更加轻松。

3. 要听懂孩子的弦外之音

父母与孩子沟通，在耐心倾听的同时，要留意孩子没有明确说出的内心想法。孩子可能会因为自尊或是别的原因，无法直接说出自己的想法，但又很想让妈妈明白，这就需要妈妈善于听孩子的弦外之音。

萧萧拿到考试成绩后，就急匆匆地跑回家，对正在看电视的妈妈说："妈妈，这次考试我进入了前十名。"

妈妈听到这个好消息兴奋地站起来，说："好儿子，妈妈给你做好吃的去。"

萧萧没有就此罢休，跟着妈妈进了厨房，小声对妈妈说："妈妈，考入前十名，你就给我做点好吃的吗？"

"那你还要怎么样呢？学习又不是给我学的。"

"上次您不是说……"

"说什么了？我说的话多了，早记不住了。"妈妈回答。

其实，萧萧想提醒妈妈，考试前妈妈说考入前十名就奖励他一双旱冰鞋。可是看到妈妈现在这个样子，只好住嘴了。

萧萧嘟嘟囔囔地回房间去了。

孩子经常会采用试探、提醒等方式跟父母来交流，有些父母不明其意，有些父母则嫌孩子小题大做，浪费自己的时间，于是，简单地呵斥成为亲子交流的主要语言。结果，这种交流方式不仅让孩子学会了隐藏自己的真实想法，渐渐地还向父母关闭了自己的心灵之门。

英国教育家斯宾塞说过："细心的父母可以发现孩子微妙的变化，弄清没有明说的思想感情，这里所需要的技巧是及时抓住孩子隐藏在内心的思想感情的微小、微妙的线索。"

开家长会时，老师特意强调了何源的成绩有所下降，要求家长给予注意和帮助。回家后，何源本以为妈妈会训斥他，可是妈妈没有。相反，还耐心地询问孩子，是不是最近有什么事情不顺心。

何源和妈妈说，刚换的英语老师他不喜欢，他的教学风格和以前的老师有很大的不同，他暂时无法适应。妈妈从他的言语中，知道了孩子学习成绩下降的原因，便及时帮助他调整心态。在以后的考试中，他的成绩逐步上升。

医生有"问诊"这一项诊病方法，即医生先听病人的诉说，然后根据发现的问题再发问。在一问一答中，就能找出病因。经验丰富的医师单凭问诊，就可以做出很准确的诊断。所以父母在听孩子说话时，要将孩子的声音、脸色、动作都要一并观察，要善听弦外之音。这才是"察知"的功夫。孩子不一定会完全说出自己内心的话，但却会在有意无意间、不知不觉中流露出来，所以只要父母注意观察，细心体会，就一定能够找到孩子话语中的"潜台词"。

作家梁晓声曾经写过这样一件事：

一次儿子放学回到家里，进屋就说："爸爸，今天××同学的红领巾被老师收去了！"

我问:“为什么?”

儿子回答:“犯错误了呗!把老师气坏了!”那同学是他的好朋友,但却有些日子不到家里来玩了。我依稀记得他讲过,似乎老师要在他们两人中选拔一名班干部。

我又问:“你高兴?”

他怔怔地瞪着我。

我将他召至跟前,推心置腹地问:“跟爸爸说实话,你是不是因此而高兴?”

他便诚实地回答:“有点儿。”

我说:“你学过一个词,叫‘幸灾乐祸’,你能正确解释这个词吗?”

他说:“别人遭到灾祸时自己心里高兴。”

我说:“对。当然,红领巾被老师收去了,还算不得什么灾。但是,你心里已有了这种‘幸灾乐祸’的根苗,那么你哪一天听说他生病了,住院了,甚至生命有危险了,说不定你内心里也会暗暗地高兴。”

儿子的目光告诉我,他不相信自己会那样。

我又说:“为什么他的红领巾被老师收去了,你会高兴呢?让爸爸替你分析分析,你想一想对不对?——如果你们老师并不打算在你们两人中选拔一名班干部,你倒未必幸灾乐祸。如果你心里清楚,老师最终选择的肯定是你,你也未必幸灾乐祸。你所以幸灾乐祸,是因为自己感到,他和你被选拔的可能性是相等的,甚至他被选拔的可能性更大些。于是你才因为他犯了错误,惹老师生气了而高兴。你觉得,这么一来,他被选拔的可能性减小,你自己被选拔的可能性就增大了。你内心里这一种幸灾乐祸的想法,完全是由嫉妒产生的。你看，嫉妒心理多丑恶呀，它竟使人对朋友也幸灾乐祸！”

儿子低下了头。

我接着说：“如果他并没犯错误，而老师最终选拔他当了班干部，你现在幸灾乐祸，就可能变成一种内心里的愤恨了。那就叫嫉妒的愤恨。人心里一旦怀有这一种嫉妒的愤恨，就会进一步干出后果不良、危害别人危害社会的事，最后就只有自食恶果。一切怀有嫉妒的愤恨的人，最终只有那样一个下场……”

接着我给他讲了两件事——有两个女孩儿，她们原本是好朋友，又都是从小学芭蕾舞的。一次，老师要从她们两人之间选一个主角。其中一个，认为肯定是自己，应该是自己，可老师偏偏选了另一个。于是，她就在演出的头一天晚上，将她好朋友的舞裙剪成了一片片。而另外两个女孩儿，是一对小杂技演员。一个是“尖子”，也就是被托举起来的。她们的演出几乎场场获得热烈的掌声。可那个“底座”不知为什么，内心里嫉妒，总是莫名其妙地觉得掌声是为“尖子”一个人鼓的。她觉得不公平。日复一日的，那一种暗暗的嫉妒，就变成了嫉妒的愤恨。她总是盼望着她的“尖子”出点儿什么不幸才好。终于有一天，她故意失手，制造了一场不幸，使她的“尖子”在演出时当场摔成重伤……

最后我对儿子讲，如果那两个因嫉妒而干伤害别人之事的女孩儿，不是小孩而是大人，那么她们的行为就是犯罪行为了……

我们不得不佩服梁晓声的细心和敏感。正是因为梁晓声对儿子的了解，以及站在儿子的角度来思考问题，作为父亲的梁晓声及时地从儿子的话语中感觉到了儿子思想上的异样，经过引导式的问话，从而探知了儿子更深层次的思想，并抓住机会对儿子进行了一次深刻的教育。

那么，我们该怎样做才能听懂孩子的弦外之音，做个懂孩子的父母呢？

（1）注意孩子的话中话。

比如，孩子说："妈妈，最近我的肚子老疼，不想上学了。"这时，我们不要轻率地说："有病看病，不上学哪里行？"家长要仔细想一想，孩子肚子疼可以要求上医院，为什么要不上学呢？肯定是孩子在学校出了什么问题，比如与老师或者同学闹了矛盾，或者学习上有了困难。父母不要简单地下结论，可以主动询问孩子为什么这样说，了解到真实情况，再和孩子商量解决的办法。

（2）谈话时，要注意孩子的表情、动作等。

每个人的肢体语言都会透露自己内心的想法，孩子也一样。由于他们的情绪简单、强烈，所以只要父母留心观察，就会发现其中的秘密。如果孩子不停地东张西望，无疑表示他不愿意在这个话题上多费时间，想停止谈话；如果孩子说话时低着头，说明他讲的话可能是谎话；如果孩子的表情兴高采烈，说明孩子所讲的事是他得意的事，父母要认真听，不然会伤害孩子的自尊心……孩子表情、动作等非语言符号，也是父母开启孩子心灵的一把钥匙。

(3)认清孩子谎言背后的秘密。

不要简单地认为孩子说谎就是为了掩盖错误，保全自己。

有时，孩子说谎，说明他有某些方面的需要无法满足，聪明的父母最好能听出孩子谎言的弦外之音。如果他的需要是合理的，我们不妨帮助他如愿；如果他的需要是我们做不到或不赞成的，我们至少可以心平气和地解释给他听。

4. 引导孩子说话

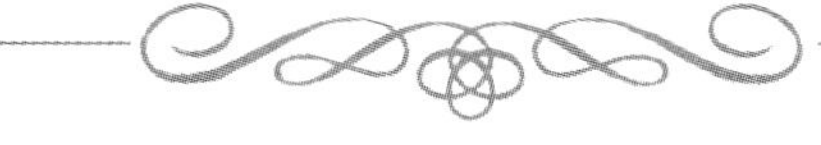

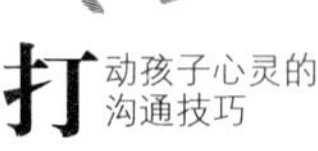

有时候，即使孩子说话，也可能因为年龄和表达能力不强的原因，不能把话说清楚，说完整，这时候就需要父母的引导，引导孩子开口说话，并且帮助孩子把要说的话讲清楚。倾听孩子不是一言不发而是积极配合，让孩子说出想说的内容。

通常孩子不愿意说话，可能有几种原因，例如：对谈话的主题、内容不感兴趣，精神不好或身体不舒服等。此外，有的孩子天生爱说话，不论跟熟人或陌生人，都可以谈得很投机；可是有的孩子却天生内向羞涩、不爱讲话，常常需要启发半天，才能让他开口说一两句话。

所以，跟孩子谈话，除了要找对时间外，也要找对主题，孩子才会有交谈的意愿。交谈的技巧也很重要，特别是对那些性格内向、害羞、不爱说话的孩子，尤其需要耐心及巧妙的引导，给他们提供充分的说话机会，逐渐地培养他们表达的能力和勇气。孩子愿意与人交谈，才能建立亲密的亲子关系及良好的人际关系，这对其日后的社会生活有很大的影响。

悦悦原本是一个内向的女孩儿。有一天从学校回来，妈妈问："悦悦今天高兴不高兴？"

悦悦回答:“高兴。”

妈妈又问:“今天老师教你们什么呢?”

悦悦想了一想,突然咧嘴笑笑说:“我也不知道。”

“今天有没有念儿歌呢?”把范围缩小,问的问题越具体,孩子越容易回答。

“没有。”悦悦说。

“那么有没有唱歌或跳舞呢?”

“有,老师今天教我们唱了一首歌。”

“要不要表演给妈妈看呢?”妈妈鼓励地说。

“我不会。”也许她还没有学会,也许是不好意思。

“没关系!妈妈很想知道老师教你唱的是哪一首歌。”

“……”悦悦摇摇头。

“是不是‘我是只小小鸟,飞呀飞,叫呀叫……’?”妈妈看了学校上课的教学大纲,知道这一周教这首歌,便试着唱。悦悦也跟着哼了起来,还手舞足蹈地表演呢!

“嗯,悦悦唱得比妈妈还好听呀!你看,你还会一面唱一面跳。”对悦悦的表现,妈妈积极地赞许。

果然,悦悦主动地说:“妈妈,我再唱一次给你听。”

妈妈非常高兴地笑着,她知道自己用对了方法。

对待性格内向的孩子,父母往往容易焦急。这时,有些父母为了想改变孩子的性格,就开始责骂或唠叨:“你太不活泼了!”或“你应该动作快点,上课要积极发言!”父母原以为这样催促,孩子会活泼起来。其实不然。对于那些内向、消极的孩子,大人越骂,他们会变得越畏缩、消极。尤其是父母以命令的口气强迫孩子,更会产生不良的影响。所以关键是引导。

另外一种需要父母引导的情况就是孩子不能完整地表达自己的意思。

让我们来看看这样的案例：

小蕊是个食欲不太好的孩子，妈妈对他在学校吃些什么很关心："小蕊，今天吃了什么点心？"

小蕊想了一想说："不知道。"

妈妈进一步问："今天的点心是甜的还是咸的呢？"

"是甜的。"

"有没有汤呢？"

"有。"

"汤里的东西吃起来是软软的，还是硬硬的？"

"是软软的。"

"那究竟是什么东西呢？"妈妈仍然猜不出来。

"是点心呀！"

"这种甜甜的、软软的，还有汤的点心叫什么名字呢？是不是绿豆汤？"

"不是绿豆汤。"小蕊说。

"它是什么颜色呢？"

"黑黑的。啊，我知道了，红豆汤啦！"由于妈妈的引导，小蕊终于想起点心的名称了。

这种问话的过程，提供给了孩子思考的机会及思考路线，使孩子从中学会描述一件事物的特征。

孩子的年龄不同，问话也不一样，对于年龄小的孩子，最好问一些具体、细小的问题。比如，对于幼儿园的孩子，父母不妨问他："今天在幼儿园学会了什么儿歌？""今天你和哪个小朋友玩，玩了什么游戏？"对于大一些的小孩，你可以让他自己描述印象深刻的事情和感兴趣的东西。

但是，很多父母没有意识到引导孩子的重要性，常常为了自己的方便采用简单粗暴的方法，结果当然不好。

早上，妈妈把4岁的军军从床上拉起来，然后帮他穿衣服，准备送他去幼儿园。军军很不情愿地让妈妈穿衣服，他一直嘟着嘴巴。吃早餐的时候，军军故意磨磨蹭蹭。妈妈着急地想要带他出门，他却赖在餐桌旁说："妈妈，我不想上幼儿园！"

许多父母的回答可能是这样：

乖孩子，快去幼儿园，晚上妈妈给你买肯德基。（哄骗）

这孩子，我就知道你不是学习的料！（责骂）

不想上幼儿园你想干吗？小孩子就是要上幼儿园的！（独裁）

快走，妈妈上班要迟到了！（忽视）

你走不走？不走让你爸爸晚上打你！（恐吓）

这些回答都是错误的，因为父母都没有引导孩子完整地诉说事情，不知道孩子为什么不想去上幼儿园。有效的引导应该是这样的：

孩子："妈妈，我不想上幼儿园！"

父母："是吗？为什么不想上幼儿园？幼儿园里有好多小朋友呢！"

孩子："我就是不想去！"

父母："是不是在幼儿园里遇到什么不愉快的事情了？告诉妈妈，妈妈帮你想办法。"

孩子："幼儿园里一点都不好玩，小朋友们都不愿意跟我玩，他们有好玩的玩具也不给我玩。"

父母："小朋友怎么不愿意跟你玩，你有没有把自己的玩具给小朋友玩？"

孩子："没有，我怕他们把我的玩具弄坏了。"

父母："玩具买了就是要玩的，你要把自己的玩具给小朋友玩，这样，小朋友也愿意把自己的玩具给你玩，这样，你的玩具不是更多了吗？这样吧，妈妈帮你多带几个玩具，你拿去给小朋友玩，他们肯定会喜欢你的，也会把自己的玩具给你玩的。"

孩子："好吧。"

孩子并不是天生就不喜欢上幼儿园的，许多孩子在遇到一些困难或人际关系纠纷时，往往会对大人说："我不想上幼儿园！"当孩子提出这个问题的时候，他肯定是有原因的。也许孩子在幼儿园里受到了他人的欺负，也许孩子与其他小朋友发生了矛盾。实际上，孩子并不是真的厌恶去幼儿园，或者对上幼儿园没有兴趣，真正的原因往往是他在幼儿园碰到了什么问题。

这时的父母，不应该哄骗孩子，也不应该责骂孩子或者恐吓孩子，更不应该忽视孩子的情绪。如果父母哄骗孩子，尽管孩子通过物质的满足，勉强去上幼儿园了，但是，问题的本质没有解决，孩子在第二天又会出现相同的情况。而且，更严重的是，这种哄骗会加强孩子对物质的欲望。

如果父母责骂或者恐吓孩子，孩子往往会觉得父母不理解自己，以后就不会再向父母诉说自己的想法，这样，父母与孩子之间的亲子障碍就形成了。这种亲子障碍一旦形成，孩子就会对父母产生抵触的心理。

如果父母忽视孩子的情绪，孩子同样不能体会到父母对自己的关心。

正确的做法是，父母应该首先关注孩子的情绪，可用温柔的语气问孩子："是吗？你心情一定不好吧？能告诉我为什么吗？"当孩子的情绪得到大人的关注后，孩子就会向大人敞开心扉。这时，他会告诉父母在幼儿园里遇到的问题和不喜欢上幼儿园的原因。如果孩子能够清楚地表述，父母一定要耐心地倾听，千万不可不耐烦，甚至打断孩子。只有让孩子清楚地表述不想去幼儿园的原因，父母才可以对症下药，帮助孩子解决问题。

如果孩子说不清楚原因，父母可以引导孩子："是不是小朋友不愿意与你玩？""是不是老师不喜欢你？""是不是幼儿园老师太严格了？"当孩子发现父母提出的问题与自己有点吻合的时候，他往往会有认同的感觉，这时，父母就可以帮助孩子解决问题。

可见，在倾听孩子说话的时候，父母的心态一定要开放，不管孩子说什么事情，都不要呵斥或者责骂孩子，一定要表现出认真倾听的样子，并用孩子喜欢听的语言来引导孩子把事情表述清楚，这样，父母才有可能真正了解孩子的心理。

父母应该运用哪些方法来引导孩子完整地诉说事情呢？

（1）从提高孩子的能力入手。

父母平时要多引导孩子观察周围的环境和事物，在扩大孩子眼界的基础上，丰富孩子的词汇。孩子词汇多了，就会有表达的欲望，就会愿意说话。

孩子有时会疏忽了一些问题和事情，所以，父母应该有意识地多向孩子提问，有意识地向孩子提一些必须用几个句子，或更多一些句子才能回答清楚的问题。例如，“你今天在学校都玩了什么啊?” 如果孩子描述得比较完整和全面，父母就应该及时地发表自己的感慨:“孩子，你真棒，会玩这么多有意思的游戏……”孩子喜欢父母对自己的重视，喜欢父母分享自己的喜怒哀乐。他们在这种交流中，还得到及时的肯定和赞赏，他们会觉得语言交流是件很有趣的事情，表达能力也就会日益长进。

（2）当孩子主动向你倾诉的时候，你一定要表示出兴趣。

你应该用眼睛注视着孩子，对孩子说：

“宝贝，你说吧，我听着呢！”

“是吗？什么事，说来听听！”

“真的吗？接着往下说，我听着呢！”

在孩子诉说的时候，父母不要随意打断孩子说话，只要简单地附和一下就可以，同时，父母应适当地增加一些体态语言。比如：

你可以紧挨着孩子坐着，同时侧身搂着孩子的肩膀，微笑地注视着孩子，说“哦，是吗？”“我明白你的意思了。”

你可以放下手中的事情，瞪大眼睛，张大嘴巴，做个夸张的表情，说：“真的吗？”当孩子讲的事情出乎你的意料之外时，你可以用“大惊小怪”的神情来表达自己的兴趣，孩子会认为自己很有本事。

这些附和性的语言往往会增强孩子诉说的兴趣，而且，由于这些语言是站在孩子的立场去理解他说的事情，孩子往往会感觉到父母的尊重，进而更加敞开心扉地与父母沟通。

（3）在倾听孩子诉说的时候，父母可以适当地提一些简单的问题。

父母可以用自己富有启发意义的提问引导孩子来表述他的想法，把问题说清楚。比如：

“哦，是吗？你认为这件事情他们做得对吗？”

“我知道这件事情让你很伤心，但是，你觉得自己有错误吗？”

“告诉我你对此的想法，也许我可以帮你。”

这种互动性的语言往往可以拉近孩子与你的距离，让孩子更加乐意表露自己的思想。父母说话时的语调应该柔和，同时不断地给孩子一些鼓励。

如果孩子说得不完整，父母可以适当地补充完整；如果孩子说得有偏差，父母可以友善地纠正孩子的说法。

比如：“妈妈的意见和你不一样，我觉得……更好，你觉得呢？”

“妈妈的意见是这样的……你再仔细考虑考虑，总结一下再下结论。”

不管孩子说的是否有失偏颇，父母千万不要对孩子的不成熟想法泼冷水或是讽刺和嘲笑，这样会使孩子不愿和父母交流，因此父母要用理解的心去接纳他们。

5. 从眼神中了解孩子的内心

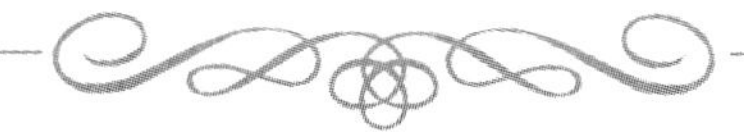

眼神是了解孩子的有力工具。德国少儿心理学家海尔默说过：灵魂储藏在孩子的心中，闪动在孩子的眼里。孩子的眼神确实能反映出孩子的心理状态，一个孩子的内心动向，必然会反映在他的眼睛里。心之所想，不用言语，从眼神中就会找到答案，这是孩子无法隐瞒的事实。作为家长要学会读懂孩子的眼神。

有人说，母亲是天下最能读懂孩子眼神的人了，在孩子不能说话之前，每个母亲都可以通过眼神与孩子交流。有位母亲说："从宝宝的眼睛里，我可以知道他饿了，就会喂他东西吃；从宝宝的眼神里，我可以读懂他吃饱了以后的心满意足，眼睛眯成一条缝，好像在感谢我；当宝宝对我们不满的时候，他的眼睛就会瞪得圆圆的，眼珠子一翻，眼神也跟平常不一样，好像在对我们抗议。当宝宝高兴的时候我会跟着高兴，当宝宝不开心的时候我也会很着急，当宝宝生气的时候我们更是竭尽所能去安抚他。"

其实，很多母亲都会有这样的经历。眼睛是心灵的窗口，父母能从孩子的眼睛中了解其整个世界。无论孩子心里正在想什么，他的眼神都会忠实地反映出来。

可是，当孩子渐渐长大，有了语言表达能力，我们慢慢地忽略了这条了解孩子内心的渠道。

梅梅放学回家了，一进家门，妈妈就发现梅梅眼眶里带着泪水。

“梅梅，怎么了？”妈妈一见女儿这个样子，就心疼得不得了。

爸爸看到了，就说：“还不是又受到别人的欺负了！真没用！”

梅梅哀怨地看了爸爸一眼，跑到自己的房间里去了。

爸爸开始数落妈妈：“你是怎么带孩子的，总是娇生惯养，现在好了，这么纤弱的孩子一进学校，当然受到一些淘气包的欺负。你看看，刚上学才两周，天天是哭哭啼啼回来的！”

妈妈没有吭声，她走进了梅梅的房间。梅梅正一个人坐在床上。见妈妈进来了，梅梅用求助的眼光看着妈妈。

但这次，妈妈因为爸爸抱怨，也开始埋怨起来：“我说你这个孩子也真是的，怎么这么没用呢？跟你说过多少遍了，不要太软弱，再说，别人欺负你，你可以告诉老师呀！你要是再这样下去，妈妈也帮不了你了！”

梅梅的眼神一下子就失去了光彩。从此，她不仅变得更加胆小，而且黯然失神，总是目光呆滞，父母对她也是摇头叹气。

梅梅的父母只注意了自己内心的感受，没有从孩子的眼神中看出渴望安抚、激励、帮助的心理，以致错失了和孩子谈心的机会。

经过多年的研究，人们发现了一些孩子的眼神代表的含义，可供我们父母参考：

孩子目光迟钝，左顾右盼，是孩子拿不定主意的时候。父母要鼓励孩子说出自己的想法，和孩子一起就事件的可能性与合理性做出决定。

孩子低着头，眼睛躲闪着，不敢和父母目光相对，那一定是孩子觉得自己犯了错误，怕受批评。父母可以先等一等，看孩子能不能自己承认错误；如果孩子不说，父母可追逐着孩子的目光，用微笑和探询的表情鼓励孩子说出真相。孩子承认错误后，父母要肯定他的勇气，相信他能改正，并告诉他仍然爱他。

孩子怒目而视，说明孩子认为父母处理某事不公平，他很不满意。此时，父母不可压制孩子，应该反思，给孩子申辩的机会，以理服人。

孩子目光轻松，眉飞色舞，说明孩子高兴。父母也应流露出喜悦情绪，分享孩子的快乐。

如果孩子希望给谈话的对象留下较深的印象，他就会凝视其目光久一些，以表自信。

如果孩子想在和父母的争辩中获胜，那他们就会紧紧地盯住父母的眼睛，一刻也不会离开，以示坚定。

如果孩子和你谈话时，觉得不自在或心虚，他就要把目光移开，减少被察觉真实心态的可能性。

如果孩子和你谈话时，他漫不经心而又出现闭眼姿势，你就要考虑暂停话题，你若还想与孩子做有效的沟通，那就要主动地随机应变。

如果孩子想和你建立良好的对话环境，他可能会以60%～70%的时间注视你，注视的部位是两眼和嘴之间的三角区域，这样信息的传递，会被父母正确而有效地理解。

如果孩子迫切希望得到你的肯定或达到某种目的，那他可能会以期待的目光与你接触，这是常用的温和而有效的方式。

总之，眼睛是孩子心灵的窗户，如果父母能以爱心去观察孩子，了解孩子，就一定能读懂孩子的眼神，读懂孩子的心灵。而有了心灵互通的交流，亲子之间的沟通就会更有效。

那么平时，我们该如何读懂孩子的眼神，读懂孩子的心呢？

(1)时刻关注孩子的眼神。

孩子的眼神时常会流露出非常隐蔽的内心信息，而且可能转瞬即逝，所以父母在和孩子交流时不要心不在焉，尤其是孩子情绪不稳定的时候，一定要留心孩子眼神的变化，从中发现问题，并及时帮助和指导孩子。

(2)善于发现孩子眼神中的渴望。

渴望帮助的眼神。当孩子遇到困难，不知所措时，如果你仔细观察，就会发现他望向你的眼中充满渴望，这时候父母就要为他解疑答惑，帮助他想办法解决问题，直到他们的眼中又出现自信的光彩。

渴望肯定的眼神。当孩子对一件事情拿不定主意，将信将疑时，如果你与他们的眼光接触，那里面必定装满困惑，这时候父母要给予孩子鼓励，让孩子树立起坚定的信心，直到取得成功。

渴望理解的眼神。当孩子做错了事情，父母为此而愤怒时，如果你仔细审视一下孩子的眼神，就会看见那里面不光有着愧疚，更渴望着大人的理解与宽容。所以，这时父母不要喋喋不休，要给孩子改正的机会。

6. 发现孩子体态语言隐藏的秘密

体态语言是一个人在与他人交流时不自觉地做出的一种身体语言，比如，高兴时的微笑、悲伤时的黯然、迷茫时的发呆、害怕时的发抖、紧张时的咬手指头等等。

心理学家弗洛伊德说："任何人都无法保守他内心的秘密，即使他的嘴巴保持沉默，他的指尖却在喋喋不休，甚至他的每一个毛孔都在背叛他。"连成年人的肢体语言都无法隐藏自己内心的秘密，何况是孩子。能够正确阅读孩子的体态语言，无疑会为我们增加一条了解孩子内心的渠道。

孩子在与父母交流中往往会下意识地做出一些体态语言，这是因为，许多孩子认为父母是权威，在父母说话时不宜顶嘴，但是，孩子又是情感外露型的人，他们无法把自己的情感深深地埋在心底，于是，他们会通过体态语言来表示心中的想法。

比如，当父母不厌其烦地对孩子说教时，孩子就会心不在焉地摆弄手边的物品，当他们觉得无法忍受时可能会轻轻地摔打一些东西。

当他们高兴时，就会情不自禁地手舞足蹈，轻轻哼唱等等。

当然,体态语言往往是孩子在不自觉的情况下做出的,但是,正因为是孩子在不自觉的情况下做出的,就更能反映孩子真实的情感。有经验的父母就很擅长通过孩子的体态语言来判断孩子的想法。

有一天,儿子放学回家就悄悄躲进自己的屋里,妈妈觉得奇怪,做完饭就走进孩子的屋里,想了解一下情况,一进屋就看见儿子正躺在床上眼睛直盯着天花板上的灯发呆。

妈妈问:"儿子,你怎么了?是不是身体不舒服?"

"没有,什么事都没有。"儿子小声说。

"不对吧,今天学校发生了什么事吗?"妈妈进一步追问。

儿子下意识地把身边的书包向里挪了挪,说:"没事,跟以前一样。"

"是吗?儿子有什么事就和妈妈说,妈妈会帮助你的。"

看到瞒不过去,孩子就从书包里拿出了今天的试卷,上面一个大大的58分,孩子低头不语。

"原来是为了这件事,没关系,谁都有失败的时候,关键是吸取教训,你想过原因没有?"

儿子抬起头,坚定地说:"妈妈,我不会让不及格再出现了,请您相信我。"

妈妈说:"我当然相信你,走,咱们先吃饭去。"

这位敏感的妈妈通过儿子的体态语言及时感觉到了儿子可能心中有事,但是,她并没有明说,也没有呵斥孩子,而是引导孩子自己说出了缘由,这样,孩子的不良情绪得到了释放,妈妈也及时鼓励了孩子。

父母应该怎样来了解孩子的体态语言呢?

(1)多关注孩子的表现。

说到了解，日本教育家井深大认为，教育“并不是首先从懂得语言开始的”。实际上，婴儿的沟通能力非常强。沟通，并不是说没有语言就不能进行。婴儿即使还不能说话，他也能通过非语言的信息传递给父母，同时，他也能接受父母传递给他的信息。因此，大部分教育家提出，对胎儿说话十分重要。

尽管婴儿非常渴望交流，但是，如果父母对他毫无反应，他就会放弃自己的努力。于是，婴儿的沟通能力将得不到发展。因此，父母们关注婴儿，并不仅仅关注婴儿是否饿了，是否凉了，更要关注婴儿是否高兴，为什么会难过等心灵因素。

许多父母会认为自己非常了解孩子，实际上，深入了解需要一个长期的过程，而且，了解并不仅仅局限于孩子的衣食住行，更重要的是孩子的思想，这就更加需要父母有意识地倾听孩子的心声，关注孩子的心灵成长，观察孩子的各种行为。

(2)要多学习，了解孩子各种下意识行为所包含的意思。

孩子们往往会有许多相似的体态语言，比如，说谎时往往眼睛东看西看，躲躲闪闪，不敢正眼看父母；紧张时会咬手指头、不停地搓手、使劲攥着衣角揉搓、不停地用笔在纸上乱画；伤心失落时往往会一个人沉默不语、脸色阴沉、没有胃口，甚至默默流泪；做了错事时会偷偷观察父母的表情，转动眼珠想办法隐瞒父母等。

当然，每个孩子都有自己的个性，每个孩子的体态语言都会有所差异，只要父母们善于观察孩子，不断分析和总结，就会找到孩子独特的体态语言，了解孩子体态语言背后隐藏的意思。

（3）善用自己的体态语言。

除了观察、体会、了解孩子的体态语言外，父母还要善用自己的体态语言，增进与孩子的沟通。比如孩子取得成绩时，摸摸孩子的头；孩子情绪低落时，拥抱一下孩子等等。

7. 气话不是真话，要冷静对待

孩子和大人一样，在心情不好的时候会说一些气话，这时候，家长会觉得孩子对自己不够尊重，小小年纪就敢顶撞父母，这样的行为不能容忍，所以，不分青红皂白，劈头盖脸地教训一通，看似教育了孩子，实则让孩子的负面情绪在心里不断累积，严重地影响了亲子之间的沟通。

所以，当孩子发脾气，说气话，顶撞父母的时候，父母要冷静对待，听出话中蕴涵的真意，妥善处理。

梅梅因为考试马虎，成绩不理想，被老师狠狠地批评了一通。

放学回到家里，也不和妈妈打招呼，就径直回到自己的屋里写作业，等到晚饭熟了，妈妈叫她吃饭，她也不应声。

妈妈推开门说："我叫你吃饭，没听见吗？"

梅梅头也不抬地说："对，我没听见。"显然，她还没有从被批评的坏情绪中解脱出来。

可是，妈妈听到这样的回答非常生气，瞪着女儿说："没听见，那好，你别吃饭了！"

"不吃就不吃，一会儿我去街上要饭去。"

妈妈一听火冒三丈，心想，我辛辛苦苦做好饭，还要主动请你吃饭，你竟然这样说话，上去就给了女儿一巴掌。

梅梅挨了打，心里所有的委屈都爆发出来了，一边向外跑，一边说：“你打我，你不是我妈。”

一场家庭风暴形成了。

其实，这件事没有妈妈想象的那样严重，梅梅说的那些话其实不是针对妈妈，只是她负面情绪的发泄。

由于孩子的情感体验并不完全，他们不知道怎样恰当地来表示自己的不满，于是，大部分孩子选择了用赌气的方式。实际上，如果父母认真思考孩子的话，就会发现话中有话。父母大可不必为孩子的气话而伤心，因为孩子说此话时根本没有恶意，他们只是用来发泄心中的不满，仅此而已。

但遗憾的是，许多父母听到孩子对自己说赌气的话时，尤其是当孩子对自己说“我讨厌你！”“你真烦！”时，父母们觉得自己辛辛苦苦养育孩子，不但没有换取孩子的感恩，反而招来他们的埋怨，心里一下失去了平衡，觉得丢了面子，于是顾不得去认真思考孩子为什么要这样说，就开始指责孩子，甚至是打骂孩子。结果，孩子在不明就里的情况下，受到惩罚，伤害了孩子的内心感情。孩子的真心话就更不可能说出来了。

孩子容易说气话和他们的年龄特征有关。由于孩子年龄小，知识贫乏且经验不足，辨别是非能力低。一旦受到批评就会用发脾气的方法发泄自己的情绪。比如，父母要求孩子扫地，但是扫不干净，家长检查指出问题时，孩子可能会说：“我不扫了，你扫吧。”或者是孩子抢了同伴的玩具，受到父母批评，孩子会说：“你是我妈妈，还是他妈妈？”

因此，在孩子情绪不稳定的时候，父母一定要冷静对待他们说的话。父母要认真地想想：孩子为什么会说这样的话呢？今天他都经历了哪些事？在这种情况下，父母要学会“不耻下问”，问孩子“为什么你会说这样的话？”“你觉得我哪里让你讨厌？”“你为什么会有这样的想法？”只有父母主动询问，孩子才会有意识地把真正的原因说出来。

王雨辰因为迟到，被老师批评，回到家里气哼哼地对爸爸说：“晚饭我不吃了，别叫我。”然后把自己关在房间里，爸爸走进王雨辰的房间，看见他在自己的房间里生气，用笔在作业本上用力地乱画，画了许许多多的大“×”，王雨辰看到爸爸进来，大声叫喊：“爸爸，你出去！”

爸爸没有生气，坐在床边说：“辰辰，告诉爸爸为什么生气？”看到爸爸这样说，王雨辰抬头看了爸爸一眼，没有说话，又继续在本子上乱画，心情稍微平静了一些。

知道了真相后，爸爸说：“爸爸能理解你的心情。在全班同学面前挨老师批评多丢面子呀，要是爸爸处在那种情况下，我也很难受。”王雨辰很诧异地看着爸爸，没想到他会这样说。

爸爸继续说：“辰辰，你希望不被老师批评吗？”

王雨辰“嗯”了一声。

爸爸说：“要是你不迟到的话，老师是不是就不批评你了？”

王雨辰停止了乱画，开始认真地说：“要是我不迟到的话，老师就不会批评我了。”

“你看，是不是你按时起床的话就不会迟到了？”爸爸温和地说。

“是的。”

“那好，我们以后就争取做到按时起床，好吗？”

“好的。”

爸爸大手一挥说：“好了，别生气了。去看一会儿动画片吧。”

王雨辰不好意思地说：“爸爸，我还是先写作业吧。”

一场不愉快烟消云散。

可见，只要换位思考，父母就能很快发现孩子内心的真实想法，并且针对孩子的情况，提出自己建设性的意见。

发现孩子说气话，父母要注意几个原则：

（1）不要与孩子较劲。

孩子说气话，往往是情绪上出了问题，那些话不是孩子真实的意思，这时父母一定要冷静对待，不要因为一时气愤，做出和孩子较劲的举动，可以暂时走开，等双方都平静下来再进行沟通。

（2）查找气话背后的真实原因。

孩子说出莫名其妙的气话一定有背后的原因，父母有责任帮助情感上还不成熟的孩子渡过这一关，进行有效的沟通是十分必要的，只有找到真正的原因，亲子双方才能共同找到解决的方法。

8. 倾听时，要接纳孩子的情绪

经常听父母们这样抱怨自己的孩子：你要他做点力所能及的小事，他不理不睬，甚至用白眼回敬你；你耐心地给他讲道理，却遭到无理的反驳；你批评他的错误行为，他却“砰”的一声摔门而去。为什么他们偏偏要和大人作对？

其实这些不过是孩子不良情绪的一种表现。

心理学家认为，孩子这样做大多是为了引起别人的注意，或是用这种方式来显示自己的能力和地位。

这个时候，我们与孩子沟通的最好方法就是接纳孩子的情绪。

接纳孩子情绪就是无论孩子在悲伤、孤独或兴奋、快乐时，家长能够给予孩子关注、尊重和理解，而不是立刻反对他的情绪。接纳情绪不等于赞同孩子的情绪或看法，而是先接纳，再想办法改变。

孩子在生气、受挫折、失望或是感到无人疼爱时，就会说一些不可理解的话，顶撞大人或者做出一些无礼的举动。通常这种极端的情绪不会持续得太久，所以这时父母最好还是先克制自己，毕竟他们只是孩子，对情绪的控制力还不够。只要你心平气和，慢慢地孩子也会静下来听你说。

其实，有时候，家长接纳孩子的情绪很简单，只需在孩子发泄情绪时，表示一下自己的理解就行了。

萧逸放学回到家，把书包狠狠地摔在沙发上，高声说："今天的作业太多了，老师们想把我们累死。"。

其实孩子这样说只不过要发泄一下自己嫌作业多的情绪。

妈妈听了萧逸的话说："老师们都是为你们好，我还没听说过写作业有累死的。"妈妈对萧逸的话也给予了回应。

可是，萧逸听了妈妈的话以后，在心里并没有认同妈妈的话，反而是表情很沮丧，坐在那里很生气，并在心里想："妈妈每次就会讲一些大道理。"

妈妈这样说就是没有接纳孩子情绪。

如果妈妈换一种说法，在萧逸抱怨作业多的时候，说："是吗？我知道了。你先在沙发上休息一下吧。"这就是接纳了孩子的情绪。

当孩子表达出不良情绪时，父母最佳的做法是顺应孩子，表达相同的感受，然后等孩子情绪平静下来再进一步交流。这样的做法说难不难，说不难但不是哪个父母都能做好，因为控制自己的情绪很难。

吴鹏的妈妈在这方面就做得很好，因为她的儿子是个外向的性格，用她的话说，就是一个"惹祸精"。一天，吴鹏在学校和老师起了冲突，妈妈被老师叫到学校交流情况。

回到家，吴鹏还一个劲儿埋怨老师冤枉了他，妈妈说："孩子，我知道你现在心里面很难过，我知道你是个好孩子，也知道你喜欢独立思考，你一定有自己的看法，对吗？不过，当我知道你今天和老师顶嘴时，我心里觉得好难过，因为老师呢，站在他的立场上，是为了让你更好地提高学习成绩，是不是呢？你这样子反对他，无论是他还是我，大家心里面都不好受。下次再和老师交谈，我们心平气和地和他说，好吗？”

听了妈妈的话，吴鹏的情绪渐渐平静了下来，顺着妈妈的话，反思了一下自己的行为，第二天到了学校，主动给老师道了歉。

试想，如果吴鹏的妈妈到家就责骂吴鹏，结果会怎样？所以说，在和孩子沟通时，接纳孩子的情绪很重要。

那么，我们在生活中，该怎样接纳孩子的情绪呢？

（1）不要被孩子的情绪所误导。

有时候，在孩子表达出恶劣的情绪后，我们家长的情绪也随之恶劣起来，于是亲子双方就会爆发冲突，所以父母首先要控制自己的情绪，不要为孩子的情绪所左右。

（2）了解孩子在想什么。

你也许是个心急如焚的家长，知道孩子有情绪时要及时沟通，可孩子似乎不听你说。其实，这是因为你不了解他们。了解孩子们心里在想些什么是和他们沟通的基本前提。

倾听孩子说心里话是现代家庭教育的必然要求。孩子正在成长发育时期，思想上的迷惘、心理上的苦闷，乃至生理发展问题上的幼稚无知，都需要有人来指点迷津。我们只有了解孩子们在不同场合的心态，了解他们内心的欲望和要求，才能与他们很好地沟通。

(3)站在孩子的角度考虑问题。

如果我们能够站在孩子的立场上，就能清楚地了解孩子情绪的由来，这样我们就能采取相对应的交流方法。

第四章 buyao rang yuyan shanghai haizi 不要让语言伤害孩子

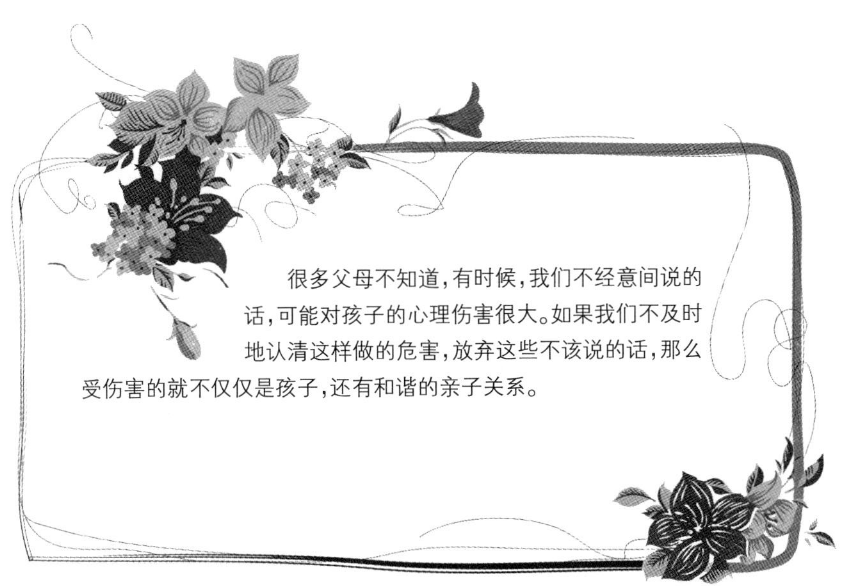

很多父母不知道，有时候，我们不经意间说的话，可能对孩子的心理伤害很大。如果我们不及时地认清这样做的危害，放弃这些不该说的话，那么受伤害的就不仅仅是孩子，还有和谐的亲子关系。

1. “你真笨”——伤害孩子自尊心

琳琳是个乖巧的孩子，就是性格有点内向，不太喜欢和同学一块儿玩。王娟的妈妈一直希望把女儿培养成钢琴家，其实这也是想完成她儿时的梦想。所以，尽管生活并不宽裕，但对于琳琳每小时100元的钢琴课时费却从来没有皱眉。妈妈常常嘱咐琳琳，一定要好好学习钢琴，妈妈的希望都在你的身上了。琳琳很懂事，知道妈妈的良苦用心，每天都很认真刻苦地练习着钢琴。不过，学习钢琴并非努力就能学好的，这需要天赋。

这天，琳琳的妈妈要求琳琳给她弹奏一段简单的钢琴练习曲，可是，琳琳的手指似乎不听使唤，老是按错键盘，断断续续地才把一曲演奏完毕。可想而知，妈妈自然很生气，同时也是那么地恨铁不成钢。想想自己辛辛苦苦，不舍得吃，不舍得穿地把钱省下来给孩子交学费，她可好，练了大半年，居然一首简单的曲子都弹不下来！琳琳妈妈脱口说了一句：“你真笨，这么简单都学不会！”说完便走到客厅里去了，留下琳琳一个人。

琳琳的眼泪像断了线的珍珠似的流个不停，她好想对妈妈说，我已经尽力了，也在用心学了，可是就是学不会呀。我怎么这么笨呢？自此以后，琳琳变得越来越内向，越来越不喜欢和妈妈说话……

日常生活中我们常常遇见一些家长，他们总是抱怨孩子学东西不快，然后就对孩子说道："你怎么这么笨，这么简单的东西都学不会？"可是，怎么才算是"笨"呢？爱因斯坦 4 岁才会说话，7 岁才会认字。老师给他的评语："反应迟钝、不合群，满脑子不切实际的幻想。"他曾遭到退学的命运。可是最后，他却成了一名伟大的科学家。世上没有愚蠢的孩子，要知道许多人智商虽高，后天发展却是平平而已。父母若常对孩子说"你的脑子不好"，或是"你真笨"，那么对孩子将是一个沉重的打击，孩子潜在能力的发挥将受到阻碍。

在孩子小的时候，他们眼中的父母是至高无上的，父母就代表着家庭中的领导和权威，父母的生活经历和经验是孩子获取信息的主要来源，所以，那时的父母说什么孩子就会认为是什么。因此，父母所说的很多气话都会给孩子造成心灵上的伤害，诸如"滚吧，滚吧，滚得越远越好！""你这个没出息的东西！""笨蛋，你怎么会这么笨？"这类话都是很多父母的"口头禅"。

但是，父母们想过没有，只要父母一不顺心，就让孩子"滚"，就责骂孩子，如此不负责任的责骂，对于孩子来说岂不是太伤害自尊了吗？

正如日本思想家池田大作所说："孩子在成长阶段时的自我意识，还是非常脆弱的。因此，父母要像农民那样，小心地铲草施肥，其责任确实重大。但是，若不施予肥料，而洒上毒药，更会使好不容易生长出的生机勃勃的嫩芽一下子枯萎了。这是众所周知的。这毒药出人意料地藏在你们的身边，包含在父母的自私心及妨碍孩子自立的随口所说的语句中。”

在我们的周围，有自尊心强的人，也有缺乏自信的人，细究起来，多与小时候的经历有关，而且家庭环境与父母的教育方式起了很大的作用。

自尊心是成才的要素之一，事业有成者，无一例外都是自尊自强的人。然而，人们的自尊心在孩童时又是最容易被忽略、被压抑的，因为婴幼儿是弱小的、依附的，大人往往不注意尊重他们，无视他们自尊的需要，甚至侮辱孩子的人格，自己却全然不觉。

随着时间的推移，孩子渐渐长大了，他们除了有各种的矛盾、困惑，还有着一种难以言表的喜悦和兴奋，那就是“我长大了！我和爸爸妈妈一样高了”。所以，他们迫切地希望得到理解和尊重，特别是来自成年人、来自父母的理解和尊重。

“己所不欲，勿施于人”，对待孩子也是如此。自尊心人人都有，只不过孩子的自尊心更加脆弱，就像一只透明的玻璃杯，虽然美，但一碰即碎。生活的琐事很烦乱，总会有不如意的事情，父母千万不要对孩子说一些气话。事情过后也许还可以弥补，但对孩子的伤害却有可能是永久性的。

父母在和孩子交流的时候，要时刻注意自己的言谈，也许在不经意间，父母的一句话就伤害了孩子的自尊心。这不是危言耸听，孩子的心灵极其脆弱。父母的一句鼓励，会使他们信心百倍；而父母的一句呵斥，也能让他们委靡不振。

所以，家长要尊重孩子。想要走进孩子的内心世界，家长一定要尊重孩子的人格，尊重他的意见，尊重他的隐私，才能与孩子建立民主、平等的和谐关系。

那么，父母应该怎样做才能在交流中做到尊重孩子呢？

（1）别让一句话毁掉了你的孩子。

父母说话时一定要非常注意，不要随口就说，要考虑孩子听后的感受。有的孩子生性敏感，哪怕是父母说的玩笑话，也当成了真。父母说一句“你笨得跟猪一样”或“一点用也没有”，他可能就会在心里想：“我真是太笨了，这点事都做不好。”“唉，我怎么这么没用呢？”所谓“说者无心，听者有意”，父母的话会对孩子起到强烈的暗示作用。经常说类似的话，孩子会逐渐地对自己失去信心，无法正确认识自身的能力。这都是不利于孩子成长的。在今后的生活中，面对机遇的时候，他可能因为不自信，还没开始尝试，就主动退缩了。

有的孩子自尊心很强，老是被父母这样骂，他会因为人格的伤害而记恨父母。发展下去，可能出现性格缺陷。等他长大了，对自尊与人格的过分敏感，很容易让他发怒而做出一些过激的行为。所以，与孩子说话，父母必须把侮辱性的字眼从自己的话语里清除干净。

（2）要尊重赏识孩子。

尊重孩子就要从内心接纳孩子的一切，哪怕是缺点，要尊重孩子的爱好、兴趣。以前我们只要求孩子尊重父母，却没有认真做到尊重孩子，说话从不考虑，这样很容易伤害孩子的自尊心。

2. “你必须听我的”——以居高临下的姿态说话

有位专家说，“居高临下”是许多中国家庭对孩子教育的问题所在。很多家长以孩子怕自己为自豪，认为自己完全掌控孩子，可以很好地教育孩子，但是不知道这样做的危害。

居高临下、主观臆断是任何沟通的大敌。人们总是以自我为中心、自我为标准来观察判断周围的一切，所得出的结论总是要受到自我的影响和局限，再加上家长的身份，很多家长经常像领导训斥下属似的对孩子说话。

父母采取居高临下的方式与孩子交流，主要有几种表现：

一是听不得孩子的不同意见。很多家长不能容忍孩子持有和自己相反的观点，这是人本性中自以为是、自高自大的顽疾的表现。一旦孩子表示出自己的不同意见，或与家长的观点相左，家长就断定孩子这是故意与自己作对，马上表现出不耐烦，甚至恼羞成怒，矛盾和对立由此而生。

二是专制武断，代替孩子做决定。不了解事情的真相，不管孩子是怎么想的，轻易地就决定孩子该怎么办。一天，爸爸回家，看见孩子正在看电视新闻，那是老师留的课外作业，但是爸爸拿出一家之主说一不二的权威态度，不分青红皂白就把电视关掉，还大声训斥，要孩子去做功课，面对这样的爸爸，孩子无可奈何。

三是总用命令的口吻和孩子说话。即使是一件非常小的事，家长也要摆出家长的架势，“命令”“吩咐”孩子做这做那，孩子即使愿意做，听到这样的语气，也会心生反感。

居高临下的态势虽然可以压服孩子，但是不能得到孩子心理的认同。

正如《荀子》中所讲：“口可劫而使墨云，形可劫而使诎申，心不可劫而使易意，是之则受，非之则辞。”意思是说，你可以把人的嘴巴封上，不让说话；可以把人的身体捆起来，不让他动弹，然而对于心，却无法这样做，心是不能使用强力改变的，合它的意了就接受，不合它的意了就拒绝，这由不得人不信。

一个男孩子上了初一，喜欢游泳，经常利用课余时间跟同学去游泳。有一天，他的爸爸在单位看报纸，看到一条消息：一个孩子游泳不慎被淹死。爸爸立即给儿子打电话，严肃地告诉儿子，让他下午不要去游泳。儿子问为什么不让去，爸爸没有任何解释，而是生气地说：“不让去就是不让去！必须听我的。”然后把电话“啪”的一声挂上了。

下午爸爸下班回到家里，看儿子不在家，桌子上留了一张纸条：“爸爸，我和同学去游泳了。不是我不想听你的话，而是想以此告诉你：我已经是大人了。”爸爸看完这张纸条，气得不得了，但是也没有其他办法，如果认同孩子的做法，自己的面子往哪里放，可是不同意又有什么办法呢？

其实这位爸爸也知道游泳的好处，只是出于安全考虑，而不让儿子游泳。如果这位爸爸不是居高临下对孩子说话，而是向孩子讲清原因，好好地与儿子商量，表达“可以去游泳但必须有安全措施”的意思，并跟孩子讨论保证游泳安全的具体措施，孩子当然会听他的话。

如果父母在孩子面前总是居高临下，总是以一副威严的面孔对孩子，以严厉的语气与孩子讲话，无形中会使孩子产生畏惧的心理，从而不敢和父母交流，有的孩子甚至还会产生反抗的心理。这样不仅达不到教育孩子的目的，而且还会阻断亲子间的沟通。父母只有以温和的态度对待孩子，才能使孩子感到爱和温暖，才能使孩子愿意向父母吐露心声，才能达到孩子愿意接受教育的目的。

同时，居高临下的说话方式不但伤害孩子的自尊心，还会造成孩子自卑、怯弱的性格，对一生的发展造成不可估量的损失。

家长要打开孩子的心扉，让孩子信服自己，就要从尊重孩子出发，用和风细语去感化孩子，而不是居高临下的简单武断去压制、伤害孩子。

平时，我们该怎样做才能改变自己的态度，温和地与孩子交流呢？

（1）去除自己潜意识里“高高在上”的想法。

郑渊洁说：“我们不少为人父为人母者，对于自己的孩子的出生，采用俯视心态，居高临下。甚至潜意识里，认为孩子要感激父母将他们带到这个世界上来……如果一位父亲从自由、平等、尊重的角度呵护和关爱孩子，是孩子的终生福音。在自由、平等和尊重的领域里，没有过犹不及，作为父亲，在这个领域无论你怎么做，都和溺爱南辕北辙。”是的，只有我们在心里把孩子放在一个平等的位置上，我们和孩子交流的态度才会有根本性的改变。

（2）不要迷恋专制的教育办法。

很多父母认为居高临下对孩子说话，可以让自己的意志得到最彻底的执行，也是最简单有效的教育方法。这种方法也让父母在外人面前最有面子。可是这种方法在孩子小时有一定的效果，及至孩子渐渐长大，就会受到孩子强烈的反抗，造成两代人的矛盾冲突。

（3）尊重孩子的选择，让孩子自己做决定。

每个孩子都希望得到别人的尊重，对父母也不例外。父母对孩子的尊重，会潜移默化影响孩子的行为。在日常生活中，把尊重孩子变成一种习惯，不要动辄就对孩子大喊大叫，说“滚一边去”“胡说”“打死你”之类的话，需要孩子帮忙做某件事，要说“请你……”而不要用生硬的口气。在孩子帮父母做完某件事后，要说声“谢谢”。

父母尊重孩子，会让孩子得到一种自我满足，即自尊感和成功感，这对孩子的成长是非常重要的。如果父母总是主观地不分青红皂白就随意训斥孩子，孩子的积极性和自信心就会受到挫伤。因此，父母应该放弃高高在上的家长架子，真心地关爱孩子的成长，尊重孩子的选择和决定。

3. “你过去就是这样”
——揭孩子的旧伤疤

一个周末的上午，孩子边写边玩边吃东西，妈妈说了几次，都被他当做耳边风。等妈妈把午饭准备好，抽空儿拿过他的作业本一看，心里的火就上来了，满页的乱七八糟，甚至还沾上了食物的渍迹。妈妈气极了，抖着作业本大声吼：“你看看你像什么样子，这写的是作业吗？谁能看得清？”妈妈一把撕掉了孩子的作业。然后就开始“忆苦”式的教育：从写作业不认真，到做不好家务，从坐姿不正确，到在墙上乱涂乱抹，甚至连孩子小时候偷偷向花盆里倒剩饭都想起来了。总之，妈妈几乎一口气把孩子的“罪恶史”控诉了一遍。

一开始，孩子还低头听着，渐渐地有些不服气的样子，最后终于大吼一声：“好啦，好啦！你说够了没有？八百年前的事儿你还记着，在你眼里我就没有好地方了吗？”

于是，新一轮的大战又开始了，妈妈教育，儿子不服，妈妈唠叨，儿子顶嘴。最后主题早已偏离了不认真写作业了。

最后，一家人午饭没吃好，妈妈在一旁唉声叹气：现在的孩子真难管！

许多父母都有这个倾向：孩子一旦有些小错误，父母就把孩子以前犯过的错误统统拿出来批评一番。父母们以为不断地批评可以使孩子加强记忆，促进孩子改正错误，但结果却不会如他们所愿。

日本杰出的教育家多湖辉说："一般的孩子，知道自己犯错就会反省，一旦挨骂，就会心生警惕，避免再犯同样的错误。在这种情况下，如果把过去的失败再拿出来数落，孩子就会产生反感。例如，孩子一边做功课，一边看电视，做父母的只要骂他'做功课要集中精神，不要心不在焉'也就可以了，然而，多半的父母都会继续唠叨下去：'你看，你就是这样。所以上次连碗也打破了！''你做事就是心不在焉，才会动不动就受伤。''你就是不专心，老师才会处罚你！'如果孩子一犯错，父母就把过去的失败一一举出来，重新数落一顿，孩子极可能对父母心生反感。而且，将过去已经责备过的错误再责备一次，甚至先预测将来可能犯的错，事先训诫一番，则责备的对象就会分散，反而忽略了当时应该面对的问题与行为，变成纯粹的说教。"

所以说，在批评孩子的时候揭旧伤疤、翻旧账是错误的做法。一定冷静心态，就事说事，这样才能起到教育的效果。

（1）批评时，先平复情绪，选择好自己的语气。

心理学家认为，在批评之前，家长应该评估一下这件事情的严重程度，找准你需要的语气。如果事情本来没有那么严重，就不必大动肝火；同样，如果事情已经需要严肃对待的时候，就不能再那么温柔，应该提高嗓门给孩子看看你的“厉害”。

（2）注意自己的表达方式。

很多家长无法忍受孩子在一个问题上总是犯错误，明明说了很多遍，批评了很多次，可就是引不起孩子的注意。这个时候父母应该仔细思考一下是不是自己的表达方式出了问题。如果只是一味地重复一个话题，不但引起孩子的反感，而且还会使孩子对家长的批评产生“免疫”。最不可取的是在批评一件事情的时候又翻出旧账，提起了多个其他的错误。这样做只会让你的谈话缺少中心，不仅不能提高孩子对这件事情的认识，还会让孩子对家长的批评心不在焉。

（3）关注现在，过去的事情就让它过去。

不管孩子以前犯了怎样的错误，都已经成为了过去，再拿出来说也无益，还分散了孩子的注意力，要引导孩子密切关注现在的所作所为，认真反思，及时改正，这才是最重要的。

（4）抓住批评的时机。

在孩子犯错误不久就及时进行批评，对于他改正错误是再有效不过的了。但有时候，可能是发现得晚，也可能被一些事情耽误了，使得家长不得不跟孩子“秋后算账”。那么这个时间的选择就非常重要了。谈话应该在两个人都心平气和的时候进行，先让孩子自己回忆所犯的错误，如果孩子拒绝回忆或者回忆不出来，就由你来将这件事情

"复述"一遍。"复述"得越详细越好,让孩子充分回忆起当时自己的想法和做法,这样,虽然批评并不那么"及时",但也能起到作用。

4.“你看看人家”
——与其他孩子“比较”

在中国，有句俗语说：“孩子是自己的好。”孩子刚降生时，可能是这样的，但是，随着孩子渐渐长大，尤其是孩子上学以后，家长的心态就发生了变化。

晓晓今天考了98分，一路小跑回到了家，兴奋的神情，谁都看得出来。一进门她就看到爸爸坐在那里看电视，她连书包都没来得及放下就跑到爸爸身边，把手中的卷子向爸爸扬了扬，爸爸接过卷子，一眼就看到了分数，按说女儿的进步很大，以前晓晓考试总是马马虎虎，成绩能过90分的都不多，这次能考98分，应该表扬两句。

但是爸爸没有这样做，他张口问了一句：“你张阿姨家的彤彤考了多少分？”晓晓的兴奋劲一下子冷了下来，小声说：“考了100分，她是我们班的第一名。”

爸爸的高兴劲儿也没了，本来还想夸女儿两句，可是到了嘴边的话却变成了：“还要努力呀，你看看人家彤彤，老是第一名。”

晓晓默默地接过爸爸手中的卷子，回了自己的屋子，连写作业的心情都没有了，为什么自己考好了，却反而像做错了事似的？

生活中，很多父母都会不知不觉陷入这个误区——把自己的孩子和别人的孩子比较。

“你看谁谁谁，他跟你一般大，可人家又听话，又聪明，你什么时候能像人家一样？你怎么就这么不争气呢？”

“你看看谁谁谁的成绩，都是在一个班里上课，都是一个老师教，为什么人家考 100 分？”

……

这样的比较让孩子很难堪，因为孩子既无法回答家长的质问，也无法保证日后像别人那样优秀。父母这种教育方法，容易使孩子产生挫败感，不但不利于培养孩子的自信心，还容易让孩子产生逆反心理。

把自己的孩子与别人的孩子比较，还容易给孩子带来压力与不满。当孩子年纪稍大一点后，尤其是处于叛逆时期，如果家长仍然用较为传统的教育方式，如比较教育、批评教育、羞愧教育等，时时处处拿别人做榜样，用同样的高标准来要求孩子，而忽略了孩子的个性化教育，很容易给青春期孩子带来压力、反感与不满。

通常情况下，父母用来和孩子比较的对象一般有两种：一是比自己孩子优秀的孩子；二是自己熟人（同事、邻居、同学）的孩子。

父母这样做的心理也有两种：一种是为了激励孩子；另一种就是为了自己的面子。不管出于哪种心理，都对孩子的成长不利。我们要知道，每个孩子都是独立的个体，和其他人没有太多的可比性。如果我们经常采用比较的方式教育孩子，还会引发孩子的心理疾病。

有个孩子在一次考试后和父母爆发了激烈的冲突，为此一家人找到了心理医生。爸爸妈妈一肚子苦水，他们抱怨孩子不理解自己，不知道感恩。

孩子却说，爸爸妈妈除了在生活上关心自己外，对自己的学习要求很高，这次他考了班里第10名，本来希望得到父母的鼓励，可是爸爸却让自己向邻居家的孩子学习，埋怨自己不够努力。结果压抑已久的矛盾终于爆发了，孩子奋起反击："我怎么做你们都不会满意。总是别人家的孩子好，你们干脆去做别人孩子的爸爸妈妈吧。"孩子的话激怒了爸爸，爸爸扬手打了他一巴掌。孩子也不肯示弱，跑了出去，再也不肯回家。

在与孩子的单独交流中，医生从孩子那里得知了事情的真实原因："我经常都不知道自己在想什么，也不知道自己想要什么。好像从记事起，我的爸爸妈妈就不断地拿别人和我比，尤其在每次开完家长会后。他们既然认为别人好，就让别人做他们的儿子好了。再说我不是不想学好，我也在努力，可为什么我的成绩他们都看不到呢？我甚至都不想再待在家里了，我讨厌所有人。为什么他们就不能理解我呢？"

事后，心理医生告诉孩子的父母一个改变的良方：停止没有意义的比较，用欣赏的眼光看待孩子。

欣赏孩子，不是让孩子停滞不前，而是更好地激励他们前进。

臧诚很贪玩，每天放学后就像出笼的小鸟，尽兴地玩耍，直到玩得满头大汗，才去做作业，作业也极为马虎，常常出错。而邻居家的李铭却表现很好，每天放学早早回家，不仅作业早早完成，还主动帮助妈妈做一些家务，爸爸看到这些很生气，几乎天天批评、数落臧诚：“你看看李铭，你能有人家一半好，我就满足了。”虽然每次臧诚也很难过，可总也改正不了他贪玩的毛病。

恰好臧诚的舅妈从外地来，她是个教师。舅妈看这孩子和小朋友玩得很好，趁他回家喝水的工夫，边替他擦汗边对他说：“你跟小伙伴们很团结，还知道让着别人，真是个好孩子。你能不能先和小伙伴们一块做完作业再玩？做完作业再玩，不是玩得更开心吗？”孩子很懂事地点点头。从此，这孩子总是一放学，先做作业，然后再去玩。为什么这样就很有效呢？是因为舅妈发现并抓住孩子能团结人、知道谦让这一积极因素，给予充分肯定，使之受到激励，然后再加以引导。

从此，臧诚的父母也学着舅妈的样子经常鼓励和表扬孩子，没想到臧诚的学习进步非常快。

清代教育家颜元曾说：“数子十过，不如奖子一长。”这个原则对于任何孩子都是适用的，对那些表现不太好的孩子来说，尤其要少批评，多表扬。这样做，有时候会产生奇效。

一位专家曾经谈到这样一个奇怪的现象。他说：一次，几十个中国孩子与外国孩子一起进行某项测验，测验后的分数让孩子分别拿回家给各自的父母看，结果中国的父母看了孩子的成绩后，有 80%表示不满意，而外国的父母则有 80%表示满意。实际成绩又是怎样的呢？

实际上，外国孩子的成绩还不如中国孩子。这件事情说明中国的父母习惯用挑剔的眼光来看待孩子，看待别人和世界。而外国父母则习惯用欣赏的眼光看待自己、孩子和世界。

因此，我们要学会改变。那么怎样做才能改变我们习惯比较的毛病呢？

（1）以一颗平常心对待孩子。

爱孩子，要从平常心的角度出发，不要有功利和虚荣心，只有这样才能从内心去感受孩子的优点，发现孩子与众不同的地方。

有这样一个被人们传为美谈的故事。

在杜鲁门当选总统后，一天，一位记者来拜访他的母亲。

记者笑着对杜鲁门的母亲说："有哈里这样的儿子，你一定感到十分自豪！"

杜鲁门的母亲微笑着说："是这样的。不过，我还有一个儿子，他同样让我感到非常自豪。他现在正在地里挖土豆呢！"

杜鲁门的弟弟是一位农夫，但是，母亲并没有认为这位做农夫的儿子是无能的。对她来说，每个孩子都令她感到自豪，无论儿子是总统还是农夫。

在接受记者采访时，杜鲁门的弟弟是这样评价哥哥和自己的："我为哥哥感到骄傲，他将是美国最优秀的总统之一。但我同时也为自己感到骄傲，我是一名农夫，用自己的双手养活自己，照顾了父母。"

（2）善于发现孩子的优点。

现实生活中，父母经常会把自己孩子的缺点和别人家孩子的优点相比，甚至把别人的孩子过度美化。其实，家长们这么做，本来是想给自己的孩子树立一个榜样，激励一下孩子，却不知道这会给自己的孩子带来巨大的伤害，甚至会影响孩子的一生。

实际上，每个孩子都是不一样的，每个孩子都是有优点的。但是，许多父母就是不明白这个道理，总是看着他人的孩子优秀，自己的孩子满身都是问题。有些父母甚至认为，自己拿别的孩子的长处来“激励”孩子，是希望孩子进步。但是，孩子却不会这么认为。父母们的这种做法会使孩子感觉父母并不欣赏自己，父母总是嫌自己不好，于是，敌对、逆反心理也由此产生，孩子变得冷漠、情绪低落，甚至故意与父母唱反调。

（3）拿孩子的今天与昨天比较。

家长都希望孩子学习好，许多家长也做出了许多努力，但是这些努力是否有效果，要看孩子听不听。如果没效果，就要改变方式，否则就是“瞎折腾”。当孩子做不到时，家长给予孩子的是支持而不是贬低。当家长拿孩子与其他人比较没有效果时，就应该改变方法，尝试着拿孩子的今天与昨天进行比较，让孩子在每一次的考验中都有进步。

当孩子的表现达不到家长的要求时，家长应当仔细观察孩子，看孩子是否都做了家长交代的事情，做的结果怎么样，再针对不足的地方及时找出问题所在，帮助孩子分析与总结，启发孩子自己解决问题；而孩子有进步的地方就要多多称赞与鼓励，树立孩子的自信心，建立亲子之间良好的沟通渠道与方式。

5. “你太自私了”
——给孩子贴负面标签

陈彤小的时候非常受长辈们的宠爱，有了什么好吃的东西都是他首先享用，从来不顾及别人。有一次，家里买了一个大西瓜，切开后，他在每块西瓜上都咬了一口，因为奶奶说最上面的那块最甜。妈妈看见了很生气地说：“陈彤，你真自私。”此后，妈妈逢人就讲这件事，可是，陈彤不但没因此改正这个缺点，反而变本加厉了。和小朋友一起玩时，总是抢人家的玩具；吃饭时，遇到自己喜欢的就抢着吃，根本不顾及旁人。每当妈妈质问他为什么做事一点都不考虑他人时，他就说：“你不是说我自私吗？”

我们的孩子往往是从父母的言谈举止中得知自己是什么样的人，能成为什么样的人，从父母那里获得关于人和人生的认识，所以，父母给予孩子信心和信赖，非常重要。可往往，父母们会经常说许多贬损和否定的话，给孩子贴一个消极的标签，而从来意识不到它的伤害和严重后果。

心理学告诉我们：当一个人被一种词语名称贴上标签时，他就会做出自我印象管理，使自己的行为与所贴的标签内容相一致。

心理学家克劳特曾做过这样一个实验：他要求一群参

加实验者对慈善事业做出捐献，然后根据他们是否有捐献，分别说成是“慈善的人”和“不慈善的人”。相对应地，还有一些参加实验者则没有被下这样的结论。过了一段时间后，当再次要求这些人做捐献时，发现那些第一次捐了钱并被说成是“慈善的人”，比那些没有被下过结论的人捐钱要多，而那些第一次被说成是“不慈善的人”，比那些没有被下过结论的人的捐献要少。

每个人的自我形象，部分地取决于自己对他人反应的理解，即通过“我看人看我”的方式形成。所以就会出现，你越说孩子自私，孩子越自私，你越说孩子笨，孩子越笨的现象，这些都是心理作用的结果。

有人以“你长大想当什么，为什么？”为题，对小学五年级学生进行问卷调查。有些学生这样回答：“我学习成绩不好，老师说我笨。我不知道将来能做什么。”大人给小孩贴负面标签的危害可见一斑。

有一所国内著名的小学，为了避免老师在情绪激动时说出伤害孩子的话，经过总结归纳，制定出了“教师说话十该十不该”。其中不该说的话中包括“你真笨”“你怎么这样没出息”等等，该校的校长解释说：“教师对孩子语言上的伤害是十分巨大的，草率地为孩子贴上消极的标签，不利于孩子的健康成长。”

由于孩子的知识经验不足，容易接受暗示作用，所以家长千万不要给孩子贴诸如笨、任性、孤僻、胆小鬼之类的负面标签，如果孩子不幸受到负面标签的影响，就要及时给孩子脱敏，纠正孩子的自我认定。

作为家长，要用一双慧眼去发现孩子身上闪光的东西，去努力认真地调动孩子的潜能，要让孩子感到“我能行！”在孩子获得的一次次成功中，孩子不仅会让自己沉重的心情轻松起来，而且，“我能行”这种自信乐观的心理会在孩子心中慢慢坚定起来。

有个孩子学习成绩一直在班里的后面，父母都近乎绝望了，经常对着孩子大喊大叫，说他笨，没出息。后来他们在老师的帮助下，改变了教育方法。

老师说，这个孩子具有朗读方面的潜能，我们可以从这方面入手。

于是，父母在家时就让孩子给父母读课文中的故事，然后，父母会惊喜地告诉孩子：“你读得很有表情！”“你念得太有节奏了！”有时，父母会让他念一首诗，念后对他说：“读得真是有滋有味，这句要是能这么读就更好了。”就这样，孩子从家长的目光中看到欣喜，得到鼓励，找到自信。

在学校，老师也有意让他举手发言，让他朗读课文。当他流利地读完课文时，老师就请全班同学为他的朗读鼓掌，使他第一次听到了掌声，给自己的掌声。

孩子尝到了成功的喜悦，天天都在家大声朗读课文，还主动请爸爸、妈妈给他提意见。期末考试后，由于学校实行“等级+特长+评语”的测评方法，孩子获得了上学后的第一个“优”。看到大大的“优”字，孩子哭了。

从此，孩子挺起了胸膛，参加学校的兴趣小组，主持节目，表演小品，在一次次的进步中，孩子不断地感受着成功的喜悦。慢慢地，这种成功的喜悦迁移到知识的学习上，此后，孩子摘掉了“笨孩子”的标签，并以优异的成绩考入重点中学。

如此看来，好的“标签”是一种巧妙的暗示与鼓励，它那神奇的导向作用切不可低估。自然，使“坏孩子”变成“好孩子”的方法之一，就是恰到好处、恰逢其时地给他贴上一个写着“好”字的标签。

如果你希望孩子将来有出息，那就谨慎自己的言辞吧。贬损的话，一句也别说。时刻记住：孩子虽是你的，你却无权伤害他。

所以，父母在教育孩子时，还应该注意以下几点，以免家长在不知不觉中就给孩子贴上了不好的标签。

（1）不轻易对孩子下好或坏的结论。

孩子的很多表现是天性使然，没有品质上的分别，即使有一些不良行为，往往也是一种无意识行为或对成人的简单模仿。所以，切忌动不动就对孩子的行为贴上这样那样的“标签”，人为地划分成“优秀”“聪明”“笨蛋”“不懂事”之类的类别，那样，很容易使孩子自觉不自觉地受到影响，限制了他们的健康成长。

（2）父母不要动辄在外人面前提及孩子性格中负面的东西。

诸如：“这孩子就是不爱说话。”“这孩子学习不认真不刻苦。”“这孩子不懂礼貌。”“这孩子不是学习的料。”“这孩子就是笨。”等等，这些话都是给孩子贴坏标签的话，会伤害孩子的心灵。作为父母，一定要淡化孩子的缺点，要全面看待孩子。对于孩子的日常行为，父母应该从多方面去观察，对他们的不好行为，不要简单训斥，而应找到他们好的一面，多用正面的“标签”来激励他们不断进步，促使他们向好的方面发展。

（3）以赏识的心态看待孩子。

赏识孩子会让家长注重发掘孩子的优点，向孩子伸出称赞的大拇指，这等于及时给孩子贴上正面的“标签”，给孩子指出了努力的方向，孩子会不知不觉地向父母树立的标准靠近。

6. “你一定要考第一名”
——对孩子期望过高

有这样一个故事：

有个女孩在小学六年级时，父母就希望她能上重点中学，可由于基础太差未能被重点中学录取。后来父母想办法让她以择校生身份挤进重点中学。上中学后，女孩很用功，早上5点就起床，背单词、背定理，再骑40多分钟自行车赶到学校，放学后回到家就写作业，从没有在晚上11点钟前睡觉……然而，期中考试结果出来，成绩是倒数几名。父母商定：省吃俭用请家教。不料，女孩听到此话，情绪显得非常激动，含着泪水大喊道：“不要家教！我很累！别再逼我了！”

在中国，望子成龙，望女成凤成了家长的“通病”。每个家长都希望自己的孩子是神童、高才生、风云人物……好像只有这样，才能使自己的脸上有光。

也有的家长对自己人生经历不满意，所以把所有的理想和期望都寄托在孩子身上，常常满怀深意地对孩子说：“孩子，你一定要给爸爸争口气呀，绝不能让你爸爸的悲剧在你的身上重演。”

可是我们不知道，这样做给孩子带来的压力有多大。

据统计,父母这种期望过高的行为是导致青少年心理疾病的重要因素。

有位妈妈拿着女儿的期末考试试卷,生气地对女儿说:“你看你的成绩才考82分,比上次期中考试又少了8分,你说,你说,你是怎么搞的。怎么越来越笨了!”

女儿低着头,不敢言语。这时小狗贝贝在一旁乱叫,女儿生气地踢了小狗一脚。

妈妈看见了大声说:“你踢我的小狗干啥?你不好好学习,贝贝都比你聪明。再不努力学习,看我怎么收拾你。”

妈妈说完之后转身去做自己的事情去了,小狗贝贝还在那儿冲女儿乱叫,女儿看见小狗叫,心里很生气,转身找了一个塑料袋,把小狗装进塑料袋里,溜进厨房把小狗放进冰箱的急冻室里,结果小狗冻死了。

这个孩子在妈妈强大的压力下,心理有些扭曲,她把小狗当做了发泄口。

更有甚者,选择用自杀的行为来逃避和反抗。

薇薇是一名成绩优秀的学生,高考结束后,却不见她有一丝如释重负的表情,她总觉得自己考砸了,心情十分低落。随着分数公布的日子渐渐临近,薇薇越发忧心忡忡起来。终于,在高考成绩公布前一天,薇薇悄悄爬上了公寓楼的楼顶。幸好小区居民发现她坐在屋檐边哭泣,强行把这个花季少女从鬼门关拉回来。

原来,薇薇的爸爸是一名博士,当时正在美国做访问学者,她的妈妈也是一名高级知识分子,夫妻俩对薇薇寄予了极高的希望。薇薇从小内向、要强,总是朝着父母设定的标准默默努力。高考前,她积压多年的委屈和郁闷并未得到释放，考前焦虑也未得到及时缓解。考完后，薇薇深感自己考砸了，担心满足不了父母的预期，自责情绪使她变得越发沉默寡言。然而，她的高知父母竟然丝毫未察觉女儿已濒临崩溃的边缘，还总是隔三差五地问她："你究竟考得怎么样啊？""第一志愿没问题吧？"重压之下，薇薇悄悄爬上了屋顶打算跳楼。

幸运的是，第二天，高考分数公布，薇薇考分很高，此后又顺利被第一志愿录取，现在已经读大二了。然而，当时她还是接受了一段时间心理辅导，主要以缓解压力和进行人生规划为主。主要是引导她，要把自己人生的成败得失和父母的期望值分离开来。

薇薇是幸运的，试想，如果薇薇真的考得不理想，该怎么办？父母会放过她吗？她会不会再次试图走上绝路？

每位父母都对孩子寄予一定的期望，这没有错。但是，倘若期望太高，不仅不能成为孩子成长进步的动力，反而会打击孩子。

我们要对孩子适当要求，考虑孩子本身的特点和能力，不能主观地以高标准来要求孩子。同时，要设身处地地为孩子着想，站在孩子的角度来考虑孩子的内心感受，让孩子自己来定下切合他们实际的目标，以此来衡量他们的行为。

所以，即使孩子一时成绩不好，家长们也不应该责怪孩子，要学会接受孩子的现状，平静地告诉孩子，成长是一个循序渐进的过程，只要努力，总会有进步的。

家长对孩子的期望要注意以下几点。

（1）父母应调整预期，多肯定孩子。

很多孩子不断拼搏就是为了满足父母的期望。然而，家长过高的期望并不是所有的孩子都能够达到，于是愧疚、自责、自卑、失败感等负面情绪一直缠绕着孩子，抑郁和焦虑情绪也随之产生，若任其发展就会很危险。所以，面对主观很努力的孩子，家长要降低对孩子不切实际的预期，转而多鼓励、多肯定孩子。

（2）不利于孩子心理成长的话语少说或不说。

比如"你今天考试怎么又没有考好，马上就要期中质量检测了，我看你怎么办？你考不好，回来好好给你算账！从今天起，不许玩、不许看电视、不许……"等，家长不断地向孩子亮起红灯。这样做只会伤害孩子的自尊心，甚至激发孩子的逆反心理。

（3）家长给孩子提的要求要尽量具体，具有可操作性。

孩子由于年龄小，思维水平和学习经验不够丰富，往往对该如何学习缺乏认识和了解。孩子不知道该如何去改正自己的错误、不当的学习习惯和学习方法等。

我们经常发现许多家长埋怨、责怪孩子学习不努力，或者考试时候粗心等等，家长要求孩子努力学习，要求孩子去改正。殊不知，孩子并不知道该如何去努力，或许是多花时间学习，可是现在的学习时间已经够满了，无法增加更多时间在学习上，家长要求孩子努力学习的期望也就落空了。

因此家长需要给孩子一个具体可执行的建议，这样才有助于孩子提高。

（4）父母不要把自己的意愿强加给孩子。

无论父母自认为比孩子高明多少，孩子的事情最终还是要由孩子自己决定，因为自己的虚荣心，就强迫孩子听从自己的意见，接受自己的意志，是绝对错误的做法，一是给孩子带来巨大压力，二是对孩子的自信心造成伤害。

7. "快放下，我来"——看低孩子能力

"你快把那个瓶子放下！"看到佳佳正踮着脚尖，伸手要去拿桌上那个花瓶，爸爸急忙说，"让我来，让我来。"佳佳只好把手里的花瓶放了下来。

那个花瓶里，放着一些玻璃珠，是佳佳最喜欢的玩具。爸爸把花瓶取下来交给女儿。佳佳把玻璃珠从花瓶里倒出来，在地上玩了一阵。动画片的时间到了，佳佳就想把玻璃珠放回花瓶，一颗，两颗……玻璃珠掉进花瓶的声音非常清脆。妈妈吓了一跳，生怕佳佳把花瓶弄碎，连忙冲过去："我来，我来吧。"

转眼间，佳佳上了幼儿园大班。在幼儿园里，老师要求小朋友们自己叠被子，佳佳是幼儿园里表现最好的孩子，她的被子总是叠得又快又整齐。然而，在家里可就不同了，佳佳的被子，是由妈妈来帮她叠的。因为妈妈认为，佳佳做得慢，又做不好。

"佳佳，你呀，你这个孩子，以后怎么办呢？"佳佳妈妈边帮她收拾房间边说。佳佳吃着零食，看着电视里的动画片，好像根本没听到妈妈的话。

孩子成长的过程就是尝试、失败、再尝试、再失败……最终成功的过程。如果父母总是小看孩子的能力，认为孩

子的年龄小，只有到了一定的年龄才能做好某些事，不敢放手。结果不但让孩子错失了在实践中成长的机会，而且会助长孩子凡事依靠父母的不良习惯。

而且，如果父母们习惯于这样向孩子说话，比如："你怎么又把房间搞得这么乱？""你总是把衣服穿反！""你就不能老老实实地呆一会儿吗？"那么无疑向孩子们表示了他们的能力低下，经验缺乏，从而使孩子对自己产生怀疑，慢慢失去信心，失去锻炼自己的自觉性。

所以，父母不应该总是看低孩子的能力。很多事情，只要不是太复杂、太困难，都应该放手让孩子去尝试。而对孩子由于经验不足而产生的幼稚行为，父母应能包容，进行指导纠正，而不是打骂和压抑。

小华特别喜欢看动作片，特别崇拜的明星是李小龙和成龙，他多么希望自己长大以后也能像他们一样靠着真功夫打到好莱坞去。

这天，小华和爸爸正在看成龙的影片《红番区》，小华看到成龙在影片里面的帅气武打动作，连连叫好，此刻手脚也闲不住了，只见他站了起来，在电视机前就开始有模有样地舞了起来。

小华边舞还边"嘿嘿哈哈"地叫着，这让也在看电视的爸爸很心烦，皱着眉头说道："你别在这里舞来舞去的，挡着我的视线了。"

小华对爸爸说："我现在要努力练习功夫，将来要和成龙一样打进好莱坞！"

爸爸听到小华的话，禁不住"扑哧"一笑："什么？打进好莱坞？就你这样？你还是给我好好学习吧！"

小华听到爸爸的这句话，心中的火焰霎时熄灭了，扭头走出了屋子。

小华的爸爸也许是随口说出的一句话，但是就是这么一句话彻底打碎了孩子的梦想，也击垮了他的自信心。每个孩子都有自己的理想，即使他才华和相貌平平，也不要打击他的志气。再说，谁能保证今天的山鸡就不能在明天飞上枝头变凤凰呢？

大明星成龙从小也是一个满怀梦想的孩子，虽然长着大鼻子、小眼睛，可是他的明星梦一刻也没有停止过。他觉得自己一定能和李小龙一样变成家喻户晓的动作明星。后来，他真的做到了。而当他回忆起这段年少的梦想记忆时说道："当年我也是一个自卑的孩子，别人都说我长得不帅又想当明星，简直是做梦。但是我的母亲给予我鼓励，她说：'孩子，你一定能成为第二个李小龙。'就这样，我满怀信心，我要感谢母亲当年给予我的鼓励……"

对于孩子的理想，家长要重视，既不可夸大，更不能冷嘲热讽，看低孩子。

看低孩子的另一种表现就是家里的事情不和孩子说，什么事都替孩子做主，这样做，使得父母越来越难与孩子交流。

一位妈妈说："以前，我们总觉得孩子还小，有些话无法理解，长大了就自然会懂的，因此，也没有把他当成人那样来看待。其实，孩子的思维是非常活跃的，他什么都懂，而我们总拿他当小孩，他也不和我们说他自己的事，于是，代沟越来越深，现在想跟孩子聊聊总是无从下手。"

曾国藩是我国近代史上教育孩子非常成功的代表，看过《曾国藩家书》的人都会有一个深切的感受，在讲究伦理纲常、父道尊严的封建社会，身为湘军统帅、朝廷重臣的曾国藩几乎事无巨细，和孩子无话不说，没有架子，甚至有时还向孩子诉苦。

在他的教导下，曾纪泽和曾纪鸿兄弟二人都取得了相当大的成就。曾国藩的成功经验告诉我们：不要小看孩子。

陶行知先生说："人人都说孩子小，谁知人小心不小。你若小看小孩子，便比小孩还要小。"孩子在成长过程中，需要得到父母的尊重，尽管他们经常把事情搞砸，但是我们可以教给他们方法，扶助他们做好很多事情，而不是代替。

所以，任何时候都不要小看孩子，放手让他们成长。

(1)给孩子尝试的机会。

在孩子渐渐长大的过程中，家长需要做的是，尽早让孩子尝试着独立完成一件事情，让孩子去体验这一过程中的成功、失败、悲伤或者喜悦。在孩子做事时，可以提出一些要求，例如，注意哪方面的安全，或者是建议他如何去做。不过，一定要注意，尊重孩子的自主意愿，用商量或请求的语言，不可用命令的方式。

(2)学会适时地鼓励孩子。

能做到适时地鼓励孩子并不是一件容易的事情。每一个做家长的都要仔细地思考，该如何去鼓励孩子。当孩子缺乏自信时，要帮助他们重拾自信。而孩子是否自信表现在他们的行动中。如果孩子缺乏自信，他们所表现出来的就是缺乏积极主动性，不会通过积极参与获得对自己价值的肯定。

(3)不要轻易否定孩子的理想。

对孩子的理想冷嘲热讽，会严重地打击他们的自信心和自尊心。正如爱迪生所说：“天才是百分之九十九的汗水加上百分之一的智慧。”后天的努力才是重要的。因此，家长应该正视孩子的天赋与理想，给予他们最大的肯定。

(4)和孩子共享自己的人生经验。

父母的人生经历是孩子成长过程中宝贵的财富，有的家长为了面子不愿意坦言自己的挫折失败，其实这样做是错误的，既错过了对孩子的最好的教育，也失去了增强亲子关系的好机会。

要敢于和孩子敞开心扉，让孩子知道未来的人生中有很多的风和雨，让他们在未曾经历之前，先吸取自己人生的经验教训，培养应对社会的人生智慧，尽可能避免以后的失败。

8. “再哭，我不要你了”——用话威胁孩子

日常生活中，我们常常可以看到这样的场面：

孩子想到外边玩，不愿待在家里，家长就会生气地说：“你要出去玩，那你就别回来好了！”

孩子经常跟街头的其他孩子约会，跟异性交往，家长会口不择言地说道：“你再跟那些不三不四的人来往，我就去死！”

一位妈妈在路边哄孩子。小孩子不听劝，拼命地哭。妈妈说好话，给他东西，都不管用。最后，妈妈实在不耐烦了，大声说：“你还哭不哭？再哭我就走了！”并做出要走的样子。孩子哭得更凶了。妈妈二话不说，扭头就走。孩子见妈妈真的走了，不要他了，慌了神，赶紧追上去，边哭边喊：“妈妈，不要扔下我，我不哭了！”

还有诸如：

“要是再不听话，就叫警察叔叔把你抓去！”

“再哭，让狼把你叼走！”

“还敢撒谎，我撕烂你的嘴巴！”

“我没你这样的儿子，死了算了。”

……

事实上，父母的这种威胁只是自己生气时情绪的一种表露，所威胁的惩罚措施也是不切合实际的，更是不会施行的。但孩子毕竟是孩子，他有时并不明白父母只是为了哄他而说出恐吓的话，并非真的不要他或不爱他。于是，孩子信以为真，长久下去，父母这些话就会伤害孩子的心灵。

我们应孩知道，孩子在小时候是需要一种安全环境的，包括身边的和心灵的。

孩子不听话时，如果你对他说："你不听妈妈的话，就让妖怪来捉你！"这的确比费心地向他解释为什么要听话、怎么才算听话容易得多，可是，它产生的后果却是许多家长始料未及的。孩子容易有恐惧的心理，父母威胁恐吓的话在自己看来不足以引起恐惧，但很可能引起孩子的不安。孩子的心里有不安的土壤，重则会萌发出许多的恐惧，并可能最终演绎为不幸；轻则无法集中精力学习，性格压抑。而这些，就相当于毁掉了孩子。

孩子稍大后，有了强烈的自我意识，有了独立判断的能力。如果父母仍然习惯于板着面孔教训孩子，威胁孩子，孩子就会因为感受不到家长的爱心而与家长变得疏远、隔膜，同时，由于父母的威胁，孩子与父母之间的敌意就会越来越强。

有些父母威胁孩子，要惩罚孩子，却从不施行。这样会导致父母威信的丧失。巴拉德博士在他那本非常有趣的书《变化中的学校》中，着重阐述了这个原则："不要威胁孩子，如果你威胁了，就必须实施你的惩罚。如果你对孩子说：'再这样我就杀了你。'如果他真的再这样了，你就必须杀了他；否则，你将失去对他的威信。”如果父母威胁说要惩罚孩子，就要做好惩罚的准备。不要侥幸地认为你的吓唬被孩子遗忘。孩子不久就会认识到，大人的一切声明和威胁都是假的，从而使孩子我行我素。

如果孩子总是震慑于父母的威严之下，只会变得胆小懦弱、封闭自卑，甚至种下仇恨父母的种子。

那么，父母在与孩子说话时应该注意什么呢？

（1）发现孩子有问题，协商解决。

生活中，孩子出现了问题，父母不要因为气恼，而口不择言，要通过与孩子沟通和协商的方式，要用孩子能够理解的方式解决问题。比如：适当提醒，或者让孩子事前做好规划和承诺等等。

（2）说话算话，信守承诺。

父母的一言一行都是孩子的榜样，过分的话不要说，因为一旦不能实现就会给孩子造成“说话不算数”的不良印象。父母对孩子允诺什么事一定要谨慎，已经答应孩子的奖赏一定要做到，对孩子的惩罚也要合理、有效。

（3）允许孩子发脾气。

在生活中，适当地允许孩子发发脾气，抱怨抱怨。这并非助长他们的无礼，而是让孩子释放一下心中的不快。同时家长也要及时了解孩子到底有什么不快乐，不妨和他们聊聊。对孩子的顶撞要宽容一点，凡事不妨从另外一个角度去看，去分析。

9. “你怎么输了呢”
——因为失败责怪孩子

美国心理学家塞奇斯说:“从犯过失的痛苦中走出来,不要老盯着孩子的过失不放,应该去赞美孩子们尝试活动中的努力和勇气。”家长在面对孩子失败时采取什么态度,体现了家长的教育智慧。可惜,多数家长在现实中的表现都是不及格的。

有一次,某电视台举办一场少儿竞赛表演节目。一个七八岁的小女孩很用心用力地表演,但还是不幸被淘汰出局,小女孩在台上哭得很伤心,尽管主持人用各种鼓励的语言来安慰,小女孩还是因为伤心而不停地哽咽着。当她十分失望地走下台。台下的父亲站起来迎上去,一把抓住女儿瘦弱的肩,当着众人面大声地斥责起来。

小女孩低着头,委屈的样子很让人心疼。可能她下一次再也没有勇气和兴趣参加这样的比赛了。

其实选择了参加比赛,就该知道结局无非是两种:成功或者失败。失败的几率又往往大于成功指数。孩子面对失败已经很痛苦了,如果我们再不分青红皂白指责孩子,那么无疑加重了孩子对失败本身的畏惧。

也许父母的用意可能是想刺激孩子的奋发心,使他们反省自己，再次振奋起精神，但实际上这样做不但无法刺激孩子向上的精神，还会导致不良的恶果。

一些在做事失败后遭受父母指责的孩子，长大后会变得畏首畏尾、胆怯、没有自信。另一个极端就是当孩子受到父母的嘲讽后，会产生对父母的怨恨情绪并耿耿于怀，由于年龄小害怕，所以将轻视和恨意埋藏在心底，等到长大后，会在某个适当的时候爆发。

所以，父母不但不要责备孩子，还要引导孩子在失败中学习，让失败有价值。

在美国，一位母亲准备带她5岁的女儿去参加一个为期两天的野外旅游。临行之前，母亲告诉女儿应该带些什么东西，为了培养女儿自己照顾自己的能力，母亲让她自己收拾行李。

到了野外，女儿发现自己的衣服带得太少，并忘记了带手电筒。那天晚上似乎特别冷，女儿对母亲说："妈妈，我觉得冷，衣服没有带够……我能用一用你的手电筒吗？"

母亲问女儿："为什么衣服带少了呢？""我以为这里的天气和城里一样，没想到这儿冷多了，再来时，我就知道该如何做了。"

母亲说："是的，你应该先了解一下这儿的天气情况，做充分的准备。那样的话，你现在就不会感到冷了。手电筒又是怎么回事？"

女儿说："我想到手电筒，但在出发时忙来忙去，就把它忘了。"

母亲说："你一定要记住，千万不要粗心大意，如果不细心地对待每件事，你就会尝到粗心的苦头。"

女儿说："我明白了，我以后一定要像爸爸出门那样，先列一个物品单子，这样就不会忘掉东西了。"

"没关系，这次我把你忘掉了的东西都带来了，你看，这是你的手电筒，还有你的衣服。"母亲一边说着，一边把东西拿了出来。女儿一下子高兴起来，并过来亲吻了母亲。

年幼的女儿第一次出游，少带忘带东西，很正常。对这种失误，这位母亲并没有立即指出来让她弥补，而是让它既成事实，铸成"大错"，在尝试中接受教训，获得经验。这种"失败"对孩子的健康成长极为有利。

平时，我们面对孩子的失败时，要予以微笑、鼓励、安慰，让孩子感受到来自父母的支持。比如那个从台上流着泪走下来的小女孩，我们应该微笑着告诉她，失败是每个人都会有的经历，她还有下次成功的机会。

日本著名教育家铃木镇一在与孩子们的接触中发现，父母教育孩子说话走路的那个阶段，孩子进步最快。为什么呢？

因为那个时候，没有一个父母会因为孩子失败(摔倒)而指责孩子。当孩子摇摇晃晃尝试走路的时候，父母都用充满期待的眼光望着孩子。孩子迈开小腿，一步两步三步……跌倒了，父母不会埋怨孩子笨，而是鼓励孩子："孩子不哭，要勇敢，不要怕摔倒，站起来，再走给爸爸妈妈看看！"就这样，孩子在父母的鼓励下，从地上勇敢地爬了起来，迈开腿，一步两步……再跌倒，再爬起，直至走稳妥。

铃木发现教孩子学说话、学走路的方法看似简单，但却是人世间最好的教育方法，他尝试用这种教育方法，竟然一年培养出 700 名达到莫扎特同龄水平的小提琴神童，全世界为之轰动。

然而，随着孩子的渐渐长大，父母们无法平静地、客观地面对孩子的失败，我们开始喋喋不休地指责孩子，却忽视了孩子在这一过程中最为可贵的努力。最终父母的苛求窒息了孩子的自信，压抑和打击了孩子的自尊，伤害了他那颗本来充满灵性的稚嫩的心！也让亲子之间的良好关系出现裂痕。

那么，面对孩子不可避免的失败，我们该怎样说、怎样做呢？

（1）事前鼓励孩子，给孩子宽松的环境氛围。

某位名人曾说："不必畏惧失败，应该畏惧的是怕失败而不做任何努力。"人在进行一件事之前，没有人能断定成败，但如果不去试一试，就没有成功的可能。这句话提示我们父母，要鼓励孩子去尝试。

不要在孩子做事前对孩子说"不要失败""不要犯错"这种话，因为这样的话非但产生不了正面作用，反而会使孩子畏缩不前。听到父母的这种说法，孩子会得到"可能会失败"的暗示，反而更容易失败。为了避免失败，什么都不做，虽然可以免去失败的打击，却会失去尝试的意愿。这种对失败的恐惧，会给孩子带来很大的负面影响。

从这个角度来说，当孩子自动自发面对新的挑战时，父母即使明知会失败，还是应该让他去做。有时候，甚至还要故意让孩子尝尝失败的滋味。如果父母以"不准失败"的要求来限制他，或禁止他去做，就无疑破坏了孩子的积极意愿，妨碍他的成长。

(2)赏识孩子在失败过程中表现出来的努力。

尽管孩子失败了，但作为父母，应该赏识孩子的勤奋和努力，对他们的努力给予最热情的支持和鼓励。不要因为失败的结果而气馁，而应该为孩子的不努力而担心。很多情况下，父母应该故意淡化结果，而重视孩子的努力，并把这种理念传递给孩子，让他们感觉到只有努力才能获得父母的认可和夸奖，进而逐步明白一个道理：失败是不可避免的，但努力才是最重要的。

(3)不要让孩子老是自责，不要让孩子失去自信。

每当听到孩子说“我怎么也写不好字”“我真笨”等等时，父母都应及时鼓励他要有自信心。父母应用朴实的、积极的和直截了当的语言对孩子说“如果你努力，你可以做任何事”或者“如果你努力，就能解开这道题”。

孩子从小到大，不可避免地会碰到很多挫折。如果孩子在受挫后得不到适当的引导，常常会失去自信，变得软弱和退缩，而如果得到适当的引导，则会坦然面对挫折，渐渐培养出对挫折的承受力和意志力。

当孩子为“失败”感到恐惧或难过时，父母不应以怜悯的态度对待孩子，或者在孩子面前唉声叹气，更不能责骂孩子。正确的方法应该是要鼓励孩子战胜失败。你可以说：“没关系，再试一次，相信你一定会成功的。”

10. “你看看你”——挑剔孩子的缺点

世界上，没有一个孩子是完美无缺的。可是父母的愿望却是要培养一个完美无缺的孩子，于是，在很多父母的眼里，孩子浑身上下到处都是缺点，天天说，时时说，都说不完。

有个小男孩的妈妈，每次到幼儿园接孩子时都会埋怨：“瞧人家孩子的画画得多好，瞧你怎么这么差！”“人家孩子怎么那么聪明，瞧你多笨！”这位妈妈怎么也不理解，儿子什么都不缺，怎么就是不如别人呢？

饭桌上，孩子不小心，饭碗掉到了地上。顿时，碗破饭撒，孩子吓呆了，母亲怒不可遏，一把把孩子从凳子上拽下来，大声斥责道：“这么大的孩子，连个碗都端不好，别吃饭了！”孩子伤心地哭了，母亲见状更是生气，厉声喝道：“还有理哭呀？闭嘴，滚到你屋里去！”孩子抽泣着，难过地回到自己的房间，心里想：“妈妈为什么总挑我毛病？”

对孩子的行为过分挑剔是大多数家长常犯的错误。这些家长时时刻刻地盯着孩子，当他们有些事情做得不好或不对时，急切地去纠正，直到他们完全无误才肯罢休。

为什么父母们迫不及待地指责孩子的缺点呢？因为父母以为每天说一说就能令孩子向好的方向转变。可是这样的责骂根本就改变不了孩子，甚至会引起亲子之间的冲突。

小雯现在上三年级，妈妈总是说她这没做好，那也没做好，她已经习惯母亲的唠叨了，妈妈的指责对她来说，就像一天三顿饭一样，没什么可奇怪的，因为长期的挑剔要求已经让她习以为常，尽管心里感到不舒服。

和小雯的妈妈相比，周莎的妈妈就没有这样轻松了。周莎已经上了初中，每次妈妈指责她的缺点，都会引发母女之间激烈的争吵。有一次，妈妈当着邻居的面说周莎的学习又退步了，结果周莎当场就反驳道："学习是我自己的事，不用你管。"把妈妈气得晚上都没有吃饭。

更有甚者，有些父母指责孩子的性格不好，企图一夜之间就让孩子变活泼、变外向、变自信、变勇敢……一旦孩子做不到，他们就喋喋不休地指责，下结论道："这孩子无可救药了！"

有一位妈妈，一旦夫妻争吵，只要在儿子身上看到与其父亲相似之处就气不打一处来，就愤而指责孩子："不要和你那个窝囊废爸爸一个样。"

还有许多父母如果在孩子身上看到自己的性格缺点，也觉得难以忍受。

"我的孩子很内向，为此我很苦恼，实际上我本人就不擅与人交往，吃尽了这种内向性格带来的苦头。因此看到孩子遗传了我的性格，实在很难过，不由得总是指责他。"

这样的做法，对孩子也太不公平了，性格有很多遗传因素，也有生活环境的影响，这些都不是年幼的孩子可以选择的。性格确实会在孩子成长过程中有所改变，但不会如父母所愿，说变就变，想变成什么样就变成什么样。

一味指责孩子的缺点会给孩子带来很多负面的影响：

第一，影响孩子独立性的发展。

在父母看来，指责孩子是为了管教孩子，而管教孩子就是为了让孩子听话。因此经常强迫孩子照父母的话去做，否则，就开始声讨。这很容易使孩子变得被动、依赖，遇事只会等待大人的指令，不敢自行做出判断，唯恐做错事情遭到斥责。而一旦脱离了父母或老师，他们就会茫然不知所措。

第二，伤害孩子的自尊心。

指责的语言往往会伤害孩子的自尊心。在父母一次次的指责声中，孩子会渐渐习惯这些词语，从而变得麻木不仁，缺乏自尊心。这正如有人指出的："那些被认为没有自尊心的孩子，是外界没有给他们提供使自尊心理健康发展的良好环境。他们的自尊心是残缺的、病态的，他们是指责教育的受害者。"

第三，造成孩子的逆反心理。

指责易造成孩子与父母的对立情绪，有时，孩子即使明知自己错了，也会因为严重的情感障碍而拒绝承认错误。

不恰当的指责还可能使孩子变坏。过多的指责可能引起子女的反感，甚至憎恨。那是危险和可悲的。另外还有一种危险，那就是孩子对父母的责骂置之不理。口头上不反抗，内心不服。你越骂我我越要做；你越不喜欢，我越要做。

所以，我们必须换一种方法来和孩子交流——与其挑剔，不如欣赏。

从欣赏的角度观察孩子的行为，应该会发现孩子在某些方面有进步，找出孩子的优点。

孩子有“鞋子脱了在鞋架上放好”“给妈妈倒杯水”或是“有好吃的食物和大家一起分享”等和学校成绩比起来完全不同的成长优点，父母也应该给予肯定，并给予适当的赞美才是。

不要只一味地挑剔孩子的缺点来责骂，反而要找出孩子的进步加以承认，才会让孩子增强自信，感觉舒适，孩子才会更加追求进步。

为此，父母应该做出以下改变：

（1）要知道没有完美的孩子，不要要求过高。

很多家长对孩子的要求很高，如学习要好、习惯要好、要勤奋、要参加各种活动和培训班等。在这个过程中，孩子不能犯一点小毛病，出现毛病就责骂和打击，这样做，很容易造成孩子从小自卑，做事情不能放开做，想问题没有主见，做事情不能独立。

（2）要分清问题的主次，不要以偏概全。

孩子有缺点，父母当然要纠正，但不能一点有毛病，就到处都是毛病。比如，有些家长觉得自己孩子学习成绩不好，就觉得他什么都不好；看到孩子出现这方面的缺点，认为孩子浑身都是缺点。这样用放大镜去看孩子缺点的方法是错误的。

（3）用赏识的方法激励孩子改正缺点。

古人云：人非圣贤，孰能无过，知错能改，善莫大焉。家长应该认识到正确的东西是从不断地总结错误中得到的，孩子们也是一样，只有从不断的错误中，才能得到真正的学习和成长。

所以，要善于发现孩子在成长过程中的点滴进步，用赏识的方法和孩子交流，孩子就会树立信心，改正缺点。赞美的效果比指责要好得多。

11. “你马上去做”——总是命令孩子

在生活中，我们经常听到父母这样对孩子说话：

“你马上去做作业，10点钟之前做完。”

“你必须在上学之前收拾好屋子，一会儿我过来检查。”

“我说的话你记住没有？给我重复一遍！”

这些话好像军官在向士兵下达命令，绝对不允许孩子解释和反驳，这样做到底是对还是不对呢？

“知心姐姐”卢勤说：“与其用命令的方式对孩子指东指西，不如蹲下来好好和孩子说话。”现代家庭最需要的是平等民主的氛围，只有在这样的氛围中，父母与孩子才能很好地沟通与交流。现代观念认为孩子是发展中的个体，具有独立的人格和鲜明的个性心理特征，在向周围世界学习的过程中，他们处于主体地位，是学习的主人，我们应培养富有创造性和主动精神的孩子，不应该强迫责令他们，那样做收不到好的效果。

简单粗暴式的命令语言往往会引起孩子的反感。比如孩子正准备与伙伴去外面玩，父母却命令孩子留下来写作业，这时候，即使孩子留下来也不会心甘情愿，作业的质量可想而知。

尽管不愿意，也会默默地服从，这只是孩子年龄还小时的表现，等到孩子稍大，他们有时不但不听从父母的命令，而且还会采取顶嘴对抗的方式，这时候家长就会陷入两难的境地。

家长如果坚持自己的意见，就会与孩子发生不可避免的冲突，双方的情绪都处于紧张状态的情况下，很可能演变成吵架，甚至是父母大打出手，最终不可收拾。

如果收回命令或更改命令，那么父母就会觉得自己的权威受到了挑战。以后在教育孩子的时候，所说的话，效果就会大打折扣。比如父母看到已经晚上10点了，想到明天孩子还要上学，就命令孩子马上洗漱睡觉。孩子以今天放假中午睡了午觉，现在不困为理由，拒绝去睡觉。那么父母该怎么办？强行关闭电视，把孩子轰到床上去。似乎这是唯一的办法了，否则孩子不会乖乖地服从命令。但是孩子即使躺到床上也不会安静地入睡，父母这样做显然是失败的。

有时候父母主观地强行下达命令，也会出现孩子无法服从的情况。比如，孩子因为某件事感到委屈，大声哭泣，正巧有客人来访，爸爸立刻命令孩子闭上嘴，“不要哭，闭上嘴！”孩子正哭得喘不过气来，怎能一下子憋住这口气呢？

于是爸爸觉得丢了自己的面子，上演了一出“当人教子”的好戏。孩子无缘无故挨了打，当然怨恨爸爸不通情理了。

研究表明，对孩子使用命令不利于孩子人格的发展。父母老对孩子用命令的方式支配来支配去，孩子处于被动服从的地位，时间长了，就会形成退缩的性格，依赖性强，缺乏主动性；也有可能走上另一个极端，孩子经常与父母顶牛，逆反心理增强，走入社会后也会具有反社会性。

和孩子沟通，我们有很多方法可以选择，要尽快转变这种不容违抗的命令方式。

（1）用平等的方式和孩子说话。

美国精神病学家威廉·哥德法勃曾经说过：“教育孩子最重要的，是要把孩子当成与自己平等的人，给他们以无限的关爱。”很多人都知道连通器的原理，只有两头高度差不多，水才有可能在中间的管道里来回流动，如果一头高，一头低，水就只能往一个方向流了。孩子与父母的交流也是一样的。拒绝命令的方式，平等地和孩子说话，父母与孩子才有可能平等地交流。

（2）用积极暗示的方法替代命令式的说话。

积极暗示的方法可以让孩子自己体会到该怎样做，由被动变为主动，于是孩子主观上不会有抵触情绪。著名教育家陈鹤琴在其名著《家庭教育》一书中举过这样一个例子：

一天，陈鹤琴的儿子拿了一块破烂的棉絮裹着身体当毡毯玩。陈先生看见后，就考虑是立刻把破棉絮夺去呢，还是让他在玩弄中得到一种经验；或者命令他将棉絮丢掉，而以其他东西替代。思考了一下，陈鹤琴觉得还是用积极的暗示去指导为好，就对孩子说：“这是很脏的、有气味的，我想你一定不要的，你要一块干净的，去向妈妈拿一块干净的吧。”孩子听了，果然很高兴地跑去找妈妈了。

陈鹤琴事后总结说:“无论什么人,受激励而改过,是很容易的;受责骂而改过,是不大容易的;而小孩子尤其喜欢听好话,更不喜欢听恶言。大多数做父母的看见小孩子玩肮脏的东西,就不期然而然地去把它夺过来,而且还要骂他,甚至于还要打他。其结果,小孩子改过的少,而怨恨父母的多;即使不怨恨父母,至少也一定不喜欢父母了!”

(3)父母要首先从对抗情绪中走出来。

一旦因为命令孩子,使孩子产生了对抗情绪,父母要设法巧妙地从对抗中解脱出来,做到不失大体地走出困境。此时绝对不应该继续与孩子抗衡下去,孩子缓过了对抗情绪,心平气和之下,情绪良好之时,也会接受意见,改正错误。如果是父母的命令不合适,应该作自我批评,这样会使孩子心服口服,因为平等的亲子关系,会给双方以好的感受。如果双方都不退一步,就会造成父母与孩子之间的隔阂。甚至有许多家庭悲剧就是这样产生的。

12. “好吧，妈妈给你买”——迁就孩子

在许多父母眼里，孩子是最重要的，甚至是自己的希望。因此，他们往往对于孩子的任何要求都予以满足，一旦孩子发话，做父母的都唯命是从，结果，孩子形成了任性、霸道、以自我为中心的不良品质。

妈妈带着5岁的女儿文倩到商场购物，琳琅满目的商品让文倩看花了眼。最后，她在芭比娃娃的柜台前站住了，两眼直盯着可爱的娃娃，对妈妈说：“妈妈，我要芭比娃娃！”

“好孩子，不要再买了，妈妈今天没钱了。”妈妈开始搪塞文倩。

“不嘛，我就要！”文倩开始撒娇。

“你看，妈妈真的没钱了。”妈妈假装拿出自己的钱包翻开给文倩看。

“你可以用卡刷刷嘛！”机敏的文倩想起以前妈妈在购物的时候用一张小小的卡刷一下，售货员就把物品交给了妈妈。

“妈妈也没带卡呀！”妈妈觉得有点窘迫。

“这张不是吗？”文倩抽出妈妈钱包里的一张卡，那正好是妈妈的工资卡。

“这张不是，这张是妈妈在公司吃饭的饭卡呀！”妈妈只好编了个理由骗文倩。

“不嘛，不嘛，我就是要芭比娃娃！”这下文倩开始哭闹起来。

“不要哭了，妈妈下次带你来买好不好？”妈妈开始安慰文倩。

“不好！我就是今天要！”说着，文倩索性一屁股坐在了地上。这下，旁边围观的人也多了起来，有人开始劝文倩的妈妈：“算了，就给孩子买了吧。”

最后，文倩妈妈只好给文倩买了个芭比娃娃，而这之前文倩已经有了三个芭比娃娃。

这种情况相信每一位父母都曾遇到过。孩子总是提出各种要求，他们要吃的、要穿的，还要玩的，不管看到什么东西，只要孩子看着顺眼，他们就想占为己有，而不管这个东西对自己有没有用，父母买不买得起。在这种情况下，就需要父母对孩子进行教育，而不是一味地满足孩子的要求。

遗憾的是，在许多父母看来，自己只有一个孩子，自己省吃俭用，也要满足孩子的要求。有时候，父母也尝试着拒绝孩子，但是，当他们看到孩子开始哭闹，尤其是公众场合，别人一劝，心就一下子软下来了。于是，不顾任何原则，违心地满足了孩子的不正当要求。

法国思想家卢梭说过：“你知道怎样使得你的孩子备受折磨吗？这个方法就是父母百依百顺。”

孩子毕竟还是孩子，孩子的无理要求，常常是看到别的同学有了什么新的文具，因而自己也想要，才会吵着向父母要；看见别的同学暑假到外地去旅游，自己也要求去游玩。这种要求本无可厚非，但不能不考虑到一个家庭的经济条件。如果家庭条件难以满足孩子的要求，父母就应该向孩子讲清家庭的困难，说明无法满足的原因。

有些父母不懂得如何正确拒绝孩子，往往说话模棱两可，孩子立刻觉得有机可乘，所以加强“攻势”，迫使父母屈从。也有的父母只知道拒绝，不懂得方法，一旦孩子耍赖，就陷入尴尬的境地。实际上，当父母们认为孩子的要求不妥时，应向孩子说明父母不能满足他要求的原因。虽然可能会产生冲突，但却能让孩子明白道理，对孩子的要求也有所交代。

过于迁就孩子，等于促使孩子养成随心所欲、唯我独尊的不良思想，势必导致他们在日后迈入社会，进入实际学习、工作、交往中碰得头破血流，甚至误入歧途。

因此，父母要正确拒绝孩子的不合理要求，让孩子明白，这个世界并非可以为所欲为，人要学会控制自己的欲望。一个不曾被拒绝的孩子长大后是经不住挫折考验的，为了孩子的幸福，父母应施以理智的爱，学会对孩子说“不”。

法国思想家卢梭说：“当一个孩子哭着要东西的时候，不论他是想更快地得到那个东西，还是为了使别人不敢不给，都应当干脆地加以拒绝。”“如果你一看见他流泪就给他东西，就等于鼓励他哭泣，是在教他怀疑你的好意，而且还以为对你的硬讨比温和地索取更有效果。”

孩子的欲望是无止境的，总有一天，你会拒绝他。而此时的拒绝会比当时的拒绝给孩子的打击要大得多。当孩子放纵的欲望最终被拒绝时，轻则会造成孩子的焦虑恐惧、烦躁不安和悲愤绝望的心理，他会觉得世界上谁都跟他过不去，严重的情况下，还会引起孩子的轻生自杀行为。

王晶是福建师范大学外国语学院的院长助理，曾被评为“全国优秀家长”。她的女儿黄思路在上小学的时候曾被评为“全国十佳少先队员”。上中学的时候，黄思路出过两本书。后来，她就读于北京大学，每年的寒暑假，她还去美国学习钢琴。

王晶说：“我们的家庭条件不错，这可以算是‘娇生’。但娇生不能惯养。如果把黄思路培养成小公主，说一不二、随心所欲，长大以后怎么能受得了委屈？再顺利的环境也难令她满意。所以，从黄思路一出生，她遇到困难我们从不替她‘扛’，而是利用这样的困难达到我们锻炼她的目的。”

黄思路上幼儿园的第一天，像大多数的孩子一样，哭着要找妈妈、要回家。因为黄思路比班里其他的孩子小，老师被她哭得心软，就把她送回家。王晶送走了老师，对女儿说：“小朋友们都在幼儿园，还没到放学的时间，谁也不能回家。现在，你只能自己去上幼儿园了。”

女儿被挡在门外，呜呜地哭，可妈妈硬是没让她进门。

女儿知道妈妈的脾气：原则问题没得商量。最终，她妥协了，央求妈妈说：“妈妈送路路去幼儿园吧。”

王晶此刻真想一把抱起女儿，把女儿送回幼儿园。可是，她心里明白，如果今天自己送女儿回幼儿园，等于奖励了她撒娇耍赖的行为。这样一来，明天、后天……女儿还会再哭，老师还会送她回家来。于是，王晶狠下心对女儿说:“好孩子,你自己回去,下午妈妈第一个去接你。”

女儿万般无奈地走了,她是面对着家门,一步一步倒退着离开的。一边退着一边流泪说:“妈妈再见!”眼看着女儿走远,王晶关起门来大哭一场。一个母亲下狠心让孩子从小接受磨炼,的确需要坚强的意志!

令王晶欣慰的是,从那天起,女儿上幼儿园再也没哭过。虽然女儿只有3岁,但母亲的举动却传递给她一个信息,那就是,有的时候一个人的愿望是会受到拒绝的,很多事情并不是随心所欲的。

妈妈的“不迁就”,带给女儿的是持久的耐力和乐观的心态。从小经历挫折的黄思路学会了接受现实,能够调整自己的行为来适应社会的规范。她善解人意,凡事先为别人着想,发生利益冲突时,她总是自觉地调整自己去适应别人,从不强求别人来迁就自己。最重要的是,她从中获得了很大的快乐,为自己能够解决一个又一个的难题而感到自豪。

王晶说:“我所以不迁就孩子,是因为我心里想的不是孩子现在可怜不可怜,我想到的是将来。她将来大部分时间是不在我身边过的,如果我现在为她准备一个‘温室’,她会变得娇弱不堪,等她独立生活的时候才会很可怜。”

所以,为了孩子养成良好的习惯,为了孩子美好的未来,家长要“狠”下心来,坚决对孩子不合理的要求说“不”。

(1)对孩子的不合理要求不要妥协。

孩子提出不合理要求时,也会观察父母的态度,一旦父母心一软,“唉,不就是几十块钱的事吗?花钱买个心

静”。于是妥协同意了，只要有一次，就会有第二次、第三次……不但得不来心静，还会不胜其烦，所以一旦发现孩子的要求不合理，就要坚决拒绝。

（2）一定要明确告诉孩子拒绝的理由。

在拒绝孩子的不合理要求的时候，一定要兼顾两点：其一，让孩子明白为什么父母要拒绝，有些是孩子的要求超出了家庭承受的能力，还有就是家庭可以承受，但是孩子的要求太过分，买奢侈品或者多余的玩具；其二，必须让孩子知道“虚荣”“奢侈”对人是有害的，满足孩子所有合理的需要是父母的爱和责任，拒绝不合理的要求也是父母的爱和责任。

（3）父母要坚持到底。

对许多父母来说，最难的其实还是将态度坚持到底。有些父母看到孩子哭闹实在是不忍心，于是就满足了孩子的不合理要求。实际上，父母应该学会“冷漠”，要知道，这样一个“不忍心”无意中会使孩子认定固执、哭闹还是管用的。对孩子的不合理要求一旦表示拒绝，就不要再回头表示答应，一个根本的原则就是坚持到底。

he haizi shuohua de qida jinji

第五章 和孩子说话的七大禁忌

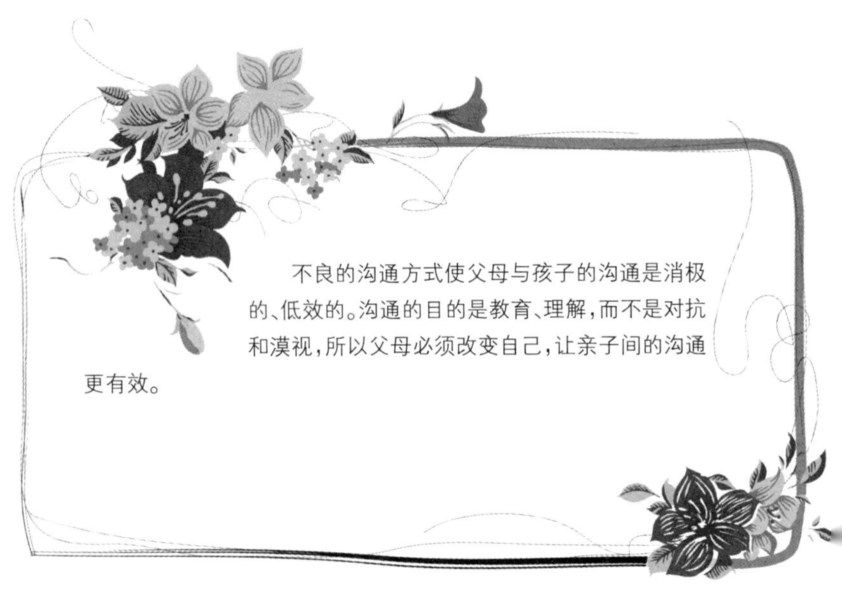

不良的沟通方式使父母与孩子的沟通是消极的、低效的。沟通的目的是教育、理解，而不是对抗和漠视，所以父母必须改变自己，让亲子间的沟通更有效。

1. 过于唠叨,孩子产生逆反

在家庭教育中有一种十分常见的现象:做父母的一心一意地为孩子着想,大事小情都为孩子安排得妥妥帖帖,唯恐因为自己的疏忽、不周和提醒不及时而耽误了孩子。于是,父母对孩子不断地叮嘱、不断地提醒、不断地督促。尽管苦口婆心,效果却很不理想。

天刚蒙蒙亮,吴鹏家就开始忙碌起来了。

妈妈早早地起来,一边收拾房间,一边为吴鹏准备早餐。

六点半,牛奶、鸡蛋、面包准时端上桌,妈妈就开始一遍一遍地叫吴鹏起床。不知妈妈叫了多少遍,一直到快到七点了,吴鹏才懒洋洋地起来。胡乱刷刷牙,抹两把脸,吴鹏坐到饭桌前用最快的速度对付着这顿早餐。这时,妈妈在为他叠被子,收拾凌乱的衣服、物品,嘴里还不停地唠叨着:"看看你,老是把东西都弄得乱七八糟,让人跟在你屁股后面收拾。每天叫你起床都喊得嗓子破了才动,早饭都凉了吧? 总吃凉饭,还这么狼吞虎咽的,胃要坏的,天天跟你说也没用。要是妈一叫你就早点起来,不是就不用这么紧张,也不会老是迟到挨批评了……"

吴鹏对妈妈的话充耳不闻,只顾把吃的、喝的填进肚子，用手背抹抹嘴，抓起妈妈早已经为他放到客厅沙发上的书包，转身就往外走。妈妈追在吴鹏的身后喊着："着什么急呀，就吃这么几口呀，一上午的课呢，会饿的。哎，上学的东西都带齐了吗，别又落点儿什么，每天都让人提醒也不行……"

等妈妈追到门口，吴鹏已经没影儿了。妈妈站在门边，无可奈何地摇着头："我这是造的什么孽呀，你为他忙活来忙活去，他连理都不理你就走了……"

在中国，这是常见的现象，父母唠唠叨叨不厌其烦，孩子却毫不领情。

随着孩子独立意识的增强，他们希望摆脱父母的安排，能自己做决定，找到长大成人的感觉。如果父母仍然把他们当做小孩，无微不至地"关怀"着、"嘱咐"着，孩子必然会厌烦，觉得自尊心受到伤害，并由此而产生逆反、对立情绪。尤其是父母在外人、同伴面前数落孩子时，这种逆反会更加强烈。

有个课题组于2007年10月在1000名中学生中做过一个家庭教育问卷调查，其中有一个题目是：你最不喜欢你妈妈的哪种行为？调查结果显示，其中550位中学生首选了"唠叨"。由此推论，"唠叨"很可能是当前中国家庭教育的第一难题，解决家长"唠叨"的问题，说大一点，是解决家庭教育困境的一个突破口。

另有一项社会调查表明，中小学生最不愿听到父母常说的话是：

"快起床！都六点钟了！怎么这么磨蹭！快点！"

"快吃饭！多吃点！""你看你吃得多好！妈妈小时候

可没你这条件！”“天天伺候你，你也真够不争气的了！你要是有你们班小明的一半好，我也没白受累！”

“上课别说话！”“注意听讲！”

“路上注意安全！”“别光顾玩！”

“就知道玩！还不快写作业！”

“现在不好好学习，将来扫大街都没有人要！”“嘴皮子都磨破了，你怎么就不长记性！”“脑子让狗给吃了吧！”“我算看透你了！你也就这德性了！”“我看你真是个废物！你要是个东西，我早把你给扔了！”

“你什么时候才能让我省心呐！”

“怎么又考这么点分！”“不是这道题错就是那道题错！真是没治了！”

“你能不能为自己争点气，也为我们争点光！”“这个星期天哪儿都不能去！在家给我学习！”

“把电视关了！有什么好看的！”“快睡觉吧，明天又该起晚了！”

毫无疑问，所有家长的“唠叨”，出发点一定是好的，“唠叨”的内容也是正确的。值得反思的是，我们的“唠叨”为什么会导致孩子如此强烈的反感甚至反抗呢？

林格说：“孩子的反叛，往往因为教育者说话太多。”有个真实的故事值得唠叨的家长思考一番。

有一次，美国著名幽默作家马克·吐温在教堂听牧师演讲。最初，他觉得牧师讲得很好，令人感动，准备捐款。过了10分钟，牧师还没有讲完，他有些不耐烦了，决定只捐一些零钱。又过了10分钟，牧师还没有讲完，于是他决定，1分钱也不捐。等到牧师终于结束了冗长的演讲，开始募捐时，马克·吐温由于气愤，不仅未捐钱，还从盘子里偷了2元钱。

父母必须牢记的一句话是：“父母说得越多，孩子听得越少。”孩子没做好事情，如果父母一次、两次、三次，甚至四次、五次重复同样的批评，使孩子从内疚不安到不耐烦最后反感讨厌。被“逼急”了，就会出现“我偏要这样”的反抗心理和行为。

有个成绩一直很优秀的孩子，期中考试却出乎意料地跌出了班内前十名，这让一直以孩子成绩为傲的妈妈承受了巨大的打击，于是妈妈的唠叨铺天盖地而来，吃饭时说，上学路上说，睡觉前说，总之只要妈妈有时间就要给孩子讲“要努力学习”“功课要认真”“一定要把成绩提高上去”。孩子听得烦了，反而不学了。心想：“我学习不学习，反正妈妈都要唠叨。”

孩子迷上电脑游戏，妈妈急得只好向出差在外的爸爸诉苦。爸爸出差回来后，简单问了问孩子考试成绩下降的原因，得知完全是马虎的缘故，也没有多说什么，只是告诉儿子：“哪里跌倒，要在哪里爬起来。”看到爸爸这样信任自己，孩子觉得不能让爸爸失望。于是放弃了电脑游戏，认真总结考试失败的原因，制定相应的措施。期末考试，孩子的成绩很好，妈妈直夸爸爸有办法，爸爸说：“你只要不唠叨就行了。”

很多道理其实孩子是明白的，父母老围绕一点多说其实是没有意义的。但是父母总是担心孩子没有记住，担心孩子即使记住了却管不住自己，即使管住自己了却不知道怎么做……总之，父母总有担心孩子的地方，所以话说过来说过去，直至亲子之间产生矛盾，爆发冲突。

所以，父母和孩子交流时切忌唠叨。

如果父母们能够采用下面的一些做法，相信会有意想不到的收获。

（1）批评孩子的话只说一遍。

好话听多了也会变味，何况是批评的话呢？所以父母即使对孩子的做法不满意，也要点到为止，绝不要变成唠唠叨叨的“唐僧”。不停的唠叨只能激起孩子的逆反心理，得不偿失。

当然，怎样才能把握好教育的“度”，每一位父母还要根据自己孩子的具体情况去仔细体会。因为孩子一旦受到批评，总需要一段时间才能恢复心理平衡，受到重复批评时，他心里会嘀咕：“怎么老这样对我？”孩子挨批评的心情就无法复归平静，反抗心理就高亢起来。因此，家长对孩子的批评不能超过限度，应对孩子“犯一次错，只批评一次”。如果非要再次批评，那也不应简单地重复，要换个角度，换种说法。这样，孩子才不会觉得同样的错误被“揪住不放”，厌烦心理、逆反心理也会随之减低。

（2）不要求完美，多给孩子一些“个人空间”。

孩子不希望父母完全控制他们的生活。孩子们的房间对于他们来说是十分重要的，是他们自己的领地，他们可以在自己的房间里尽情地交谈、吃、玩。虽然在父母看来，有许多闹声，房间杂乱无章，但是在孩子眼里，那里是他们的乐园。如果父母动不动就闯进孩子的房间，过于干涉孩子的隐私，那么亲子隔阂就进一步加剧，出现互相交流的困难。

(3)学会做睿智的沉默者。

很多家庭教育的无效，甚至让孩子产生强烈的情绪反感，是因为父母说得太多。父母要提高自己的教育水平，实现"闭着嘴说话"，才能赢得孩子的尊敬。

有一个人从不乱发表自己的见解，即使是开会，当绝大多数与会者都踊跃发言时，他也保持沉默。有一位多事者很想知道这是为什么。

多事者："你为何总保持沉默？"

沉默者："我习惯于沉默。"

多事者："据我了解，你以前可是很喜欢说话的。"

沉默者："那只是年少轻狂，总喜欢出风头。"

多事者："为何会有如此大的改变？"

沉默者："你的问题我不好直接回答。我问你，佛为什么会令人尊敬？"

多事者："为什么？"

沉默者："因为他无时无刻不在保持沉默。"

父母也应像这位沉默者一样，从"轻狂多言"的"风头"上走下来，走到"令人尊敬"的"含蓄"中来。

2. 打骂孩子，孩子心灵受伤

父母打骂孩子在家庭教育中并不少见，打骂孩子的原因有很多种，总结一下，主要有三种：一是望子成龙心切；二是为了显示父母的权威；三是受一种错误的教育观念所支配，那就是“不打不成才”。

有人在一所小学里以“你的父母打骂过你吗？”为题，请孩子们认真思考后举手表态，几乎百分之百的孩子回答：挨过父母的打和骂。

有一位家长对儿子期望很高，儿子在她的高期望值下却并没有变得多么出色。更让她伤心的是，有一天她钱包里一张十元的钞票不翼而飞，随即发现了儿子书包里的玩具。于是，第一次，她狠狠揍了儿子一顿。事后她将钱包锁起来，但还是有了第二次。大怒之下，她拉着儿子站在楼道里，一边打一边骂：“你这个小偷。”邻居不知发生了什么事，探出头来看。儿子的脸煞白煞白的，却没有哭。第三次，她忍无可忍，拉着儿子就走。说要把他送到公安局去。儿子脸上既惊恐，又麻木。

孩子犯了错，父母马上就施加暴力，又打又骂，企图以这种方式让孩子知错，吸取教训，以防下次再犯。可是我们看到，上例中的家长并没有让孩子“改邪归正”。

父母觉得打骂孩子这种所谓的教育方法，简单、有效、痛快。孩子回来晚了，把水泼地上了，把家里的东西打碎了，作业做错了，考试没考好，和同学打架等都会招来父母的打骂。看着孩子因为自己的打骂而产生的畏惧的眼神，父母会觉得这样孩子下次就会改正了。

很多父母可能有过这样的感受：骂完孩子或者打完孩子，自己心中的气消了，舒服多了。可是他们忘了，所有的痛苦却转嫁给了自己最爱的孩子，结果给孩子带来了极大的心理伤害。打骂从表面上可以使孩子暂时克服自己不正确的欲望和控制不正确的行为，但是，不能从根本上解决问题，弄不好还可能使孩子养成说谎的毛病，变得阳奉阴违，父母面前不做，背后做。有的孩子挨了打骂，受到伤害，会变得畏畏缩缩，什么也不敢去做，不敢探索尝试。有的孩子经常被父母打骂，会变得脾气急躁或心惊胆战，产生对父母、对社会、对他人的不满情绪。比如因为数学没考好，受到了父母的责骂，他就会憎恨数学老师，厌恶学数学，讨厌上学。一旦有机会，孩子就可能实施报复行为。

世界著名教育家苏霍姆林斯基说过："尊重被教育的对象，是教育的实质和精华。"教人首先要教心，在人类精神财富的和声中最细腻、最柔和的旋律应该是对他人尊重的心声。

在和孩子交流的过程中，最重要的就是尊重孩子。要承认他的人格尊严，倾听他的意见，接纳他的感受，包容他的缺点，分享他的喜悦。

尊重孩子应当是无条件的，也就是这份尊重不决定于孩子的行动而是对孩子的整体接纳，尤其对暂时后进的孩子更要尊重和相信他的价值和潜能。

孩子犯错误固然应该教育，但是，教育的方式很多，并不只是惩罚。尊重宽容孩子也是一种教育方式，而且效果会更好。

小强是初二学生，按以往惯例每次期末大考后都将成绩单交给父亲，这次也不例外。让父亲高兴的是小强的数学考了 89 分，正当父亲考虑如何奖励孩子时，老师来家访了，说小强的数学只考了 39 分，让家里人多督促他学习。听罢，父亲惊呆了，转身看了一眼低头脸红的儿子，恍然明白，但他没有让儿子难堪，没有告诉老师真相。事后父亲取出成绩单，仔细一看，原来他在"3"的左边又加了个反"3"字，这样组成了"8"。这时，眼里噙着泪水的儿子走过来忏悔地说："爸，我错了，以后我会好好学习的。"那一刻，父亲忍住了火，拍着儿子的头说："爸爸相信你！"小强使劲点头，从此他各科成绩上升很快。

后来父亲在儿子的作文《我心中的爸爸》中看到："那天是您为了我的自尊而没告诉老师，我偷改分数，您的宽容和深深的父爱感动了我……"未等读完，父亲已泪流满面。没有想到，自己不经意间的宽容竟给孩子带来如此的震撼。

孩子是一个独立的生命，有较强的自尊心，有时通过"逆向感化教育"，从他内心爆发出来的自省、自悟、自知会起到一种意想不到的教育效果。也许，一次小小的宽容可以改变孩子的一生！如果当时父亲将他打骂一通，说不定孩子会自暴自弃，出现另一种结局。

可见，惩罚性的措施会让孩子产生逆反心理，孩子往往在心里想:“反正已经挨打了,这下没什么不好意思的。”“要改正可不是那么容易的,大不了再被打一次。”就这样,对惩罚越来越麻木的孩子不仅无法改正自己的错误,而且对父母的情感也会越来越淡漠。相反,如果父母在孩子做错事时,不责骂而是表现出对孩子的关心和包容,孩子的内心就反而会极大地感受到父母对自己的爱,为了回报父母,他会努力改正自己的错误,做一个让父母满意的好孩子。

那么我们应该怎样改变自己打骂孩子的坏习惯,与孩子进行心与心的交流呢?

(1)深入了解孩子。

我们知道,只有了解,才能更好地和孩子进行交流,并引导他们健康成长。所以,父母一定要抽出时间来多观察孩子,对孩子全方位地了解。多一分了解,就少一分误解。在看到孩子奇怪的行为时,就不会又打又骂,而是会采取正确的教育方式。

(2)耐心倾听孩子。

不管孩子做错了什么,父母首先要静下心来倾听孩子的诉说,问孩子这么做的原因是什么。当父母的心思已经放在了解孩子的想法,并想办法帮孩子解决问题上时,也许就会发现孩子的行为其实是情有可原的,并且也已经释放掉了很多负面的情绪。就不会上来就是打骂,让孩子摸不清头绪。

（3）一切从尊重孩子的角度出发。

尊重孩子要从内心深处尊重孩子的独立人格，孩子不是家长的从属物，可以想打就打，想骂就骂。孩子是一个完整的、独立的人，他们必须对自己的行为负责，同时也有权维护自己的尊严，只有家长把孩子看成与自己一样的平等人，才能使亲子间的沟通更加顺畅。

（4）不要在不良情绪下管教孩子。

一般情况下，孩子做错了事情，父母肯定无法保持冷静的态度，这样的状况下，打骂孩子的现象会经常出现。因此，当我们意识到自己的情绪无法控制的时候，就不要对孩子采取什么教育措施，要先想办法让自己的心平静下来，或暂时离开现场，或是转移自己的注意力去做别的事，等自己平静下来以后，再和孩子好好谈心。

3. 各说各话，孩子无所适从

关于教育孩子，我国自古就有“父严母慈”的说法。大意是“一严一慈”“一软一硬”，相互配合，软硬兼施，才能教育好孩子。这种说法，乍一听，似乎很有道理，好像是一条教育孩子的好方法。所以一旦出现问题，往往是爸爸严厉异常，又打又骂，而母亲却一味庇护；有的家庭是父母严格管理，爷爷奶奶阻拦，这就造成了教育态度上的不一致。

一位孩子正在吃饼干，吃着吃着，他就随手把吃了一半的饼干扔掉了。后来，孩子还觉得好玩，把饼干放在脚底下踩，听着一声声“嚓嚓”的声音，孩子乐在其中。

这时，孩子的爸爸看到了。爸爸觉得这孩子太浪费了，如果放任自流，就是害了孩子，于是，爸爸就对孩子说：“好孩子不应该浪费东西，更不应该踩在脚底下。”

但是，孩子并没有听爸爸的话。

这下爸爸发火了。

于是，爸爸走到儿子面前，随手就给了儿子一个巴掌，还说：“看你以后还浪费不浪费了！”

孩子被突如其来的惩罚吓呆了，接着，脸上火辣辣的感觉提醒他，爸爸竟然打他了。于是，哭声如排山倒海般从孩子的口中传出。

在厨房里的妈妈听到儿子痛哭的声音，赶紧跑出来。当她看到儿子哭得死去活来的样子，同时，脸上清晰地印着5个手指印，心疼得不得了。

妈妈立即责怪孩子的爸爸：“你也太狠心了，不就是扔掉一块饼干吗？至于吗？”

儿子故意哭得更大声了。

爸爸本来也挺心疼儿子的，但是，听到妈妈这么说，觉得自己在孩子面前下不了台。于是直着嗓子骂道：“都是被你惯坏的，我再也不管行了吗？”

妈妈一听爸爸这么说，也火了：“平时不管，现在管起来了，出手还那么狠，有你这样当爸的吗？”

结果，孩子倒是不哭了，但是，面对这种争吵，孩子也吓傻了，不知所措地看着父母之间的争吵。

从教育心理学来看，在孩子的心灵中并不存在什么明确的是非观念，因此，孩子无法判断出父母的言行究竟谁对谁错。而对于自己的错误，孩子一般是在父母的教育和指责中才发觉，同时会在以后加以改正。尽管孩子有时会撒娇，那只不过是对于父母指责的一种表面对抗而已。

当父母双方的教育态度出现不一致，孩子就很难分清是非对错，就像一个人有一只表时，可以知道现在是几点钟，而当他同时拥有两只走时不一的手表时却无法确定时间。两只手表并不能告诉看表人更准确的时间，反而会让他失去对准确时间的信心。

这样重复几次，就会完全混淆孩子的是非观念，纵容孩子的错误行为。于是，孩子变得越来越不听话。如果孩子在受到批评时，立即有一位大人出来安慰，久而久之，孩子就不能学会适当地控制自己的情绪。更严重的是，随着孩子的年龄增大，逆反现象会越来越严重。

如果父母的意见不一致，还会产生另外一种情况：孩子看到父母意见不一致甚至发生冲突，常常会乘虚而入。谁能答应他的要求他就去找谁，并且把父母分出谁好谁坏。一些孩子就是在这样的观察中钻空子，出了事只告诉护着自己的一方，使家长在教育时采取迁就自己的态度。长此以往，孩子在家里找到了保护伞，以致家庭教育失去了约束力。

比如，妈妈规定饭前一小时不许吃零食，因为妈妈希望孩子能够好好吃饭，不要被零食干扰了正常的饮食。但是，爸爸却认为吃点零食也未尝不可。于是，当妈妈指责孩子违反规定的时候，孩子就会振振有词地说："爸爸说吃点零食也没关系！"这时，做妈妈的必定很尴尬，如果坚持不让孩子吃，孩子会拖出爸爸来，有可能会引起父母之间的冲突；如果妈妈默认，那么，孩子以后就不会再听妈妈的话。在这种狼狈的情况下，妈妈必定会埋怨丈夫不合作。而孩子则会慢慢学会一种投机取巧的做法。当爸爸不同意做某件事的时候，孩子也会推出妈妈做挡箭牌。这无形当中就削弱了父母的威信，为孩子的不良行为制造了"防空洞"。

还有一种情况在我们的生活中也非常常见，很多父母由于上班，没有时间照顾孩子，只好把照顾孩子日常生活的任务委托给孩子的爷爷奶奶或者姥姥姥爷。在中国历来就有"隔代亲"一说，长辈对孙子孙女的疼爱，让孩子的父母都羡慕不已，但是有一利也有一弊，两代人在孩子的教育上经常会有一些冲突和矛盾的地方。一般情况下是父母倾向于培养孩子的自理能力，尽早进行早期教育，而爷爷奶奶则以孩子还小为理由，偏袒孩子，爷爷奶奶与爸爸妈妈都非常爱孩子。但是，两代人爱的方式不一样，体现在教育中就经常出现分歧。

比如，爸爸妈妈要求孩子独立自主，自己的事情自己做，但是，爷爷奶奶经常会偷偷地帮孩子做事；爸爸妈妈要求孩子学习、休息、娱乐都要有规律，该学习时学习，学习完了再玩，但是，爷爷奶奶总是护着孩子，说："先玩会儿再学习吧！"

因此，每当这种情况出现的时候，孩子就学会了"隔岸观火"，在爷爷奶奶的庇护下任性，让爸爸妈妈很是头疼。而且，孩子变得越来越不爱听爸爸妈妈的话，总是说："爷爷说这样没关系！""奶奶说我可以这样做！"

在这种情况下，父母要学会和长辈们进行沟通，把自己的想法和他们说清楚，事先就要商量好教育孩子的原则，不要在面对孩子的时候出现意见分歧，影响孩子的健康发展。

如果爷爷奶奶对父母的教育方式有意见，也要尽量私下沟通，然后由父母自己去改变。

总之，作为家长，在教育孩子的态度上必须达成一致，家长之间也要多沟通、多交流，互相支持，互相配合，千万不能在孩子面前大吵大闹，把分歧暴露给孩子看。即使家长之间出现分歧，也应该正确面对，努力沟通，这样才能给孩子营造一个良好的家庭环境。

（1）家庭成员教育孩子的方法要保持一致。

无论是父母还是爷爷奶奶或其他长辈，在教育孩子上要事前多沟通，各自阐明理由，最终要达成一致。父母对待孩子的态度不一致，会影响到父母在孩子心中的威信。更不要一个唱红脸，一个唱白脸，让孩子感觉是被家长玩弄。

（2）父母要和学校教育保持一致。

父母要多了解孩子在学校的情况，和老师保持经常性的联系。如果父母的教育和学校的教育出现矛盾，孩子在学校接受教育的成果就会在家庭中被削弱。所以一旦出现学校家庭不一致的现象，就要和老师进行沟通，采取一致的教育方法。

（3）当双方出现不一致的情况，要学会事后解决。

如果面对突发事件，父母双方的意见不能统一，一方要学会暂时保留自己的意见，事后再商量解决办法，千万不可当着孩子的面争吵，这样会影响教育效果。

4. 言行不一，失去孩子信任

我们通常说，父母是孩子的第一任老师。家庭生活的各个方面都包含着教育的因素，为人父母者，其言行举止、待人接物乃至于饮食服装等生活方面，对孩子都有潜移默化的影响。这就要求家长言行一致、表里如一，在各个方面为孩子做出榜样，发挥示范作用，从而使孩子们在幼小的心灵中逐步建立起高尚的道德伦理规范，逐步提高他们辨别是非、美丑、善恶的能力。

但是很不幸的是，我们很多父母没有意识到这一点。经常无意间出现言行不一致的现象，造成孩子的困惑和不解。

一般说来，父母的言行不一致主要表现在三个方面：

第一种情况是，随意对孩子承诺，到时候不兑现。

马佳是个很喜欢缠人的孩子，经常向妈妈提出各种各样的要求。

有一次，在妈妈忙着的时候，马佳来找妈妈要求一件事。妈妈就一边忙自己的事，一边答应孩子的要求。

马佳见妈妈答应了他的要求，就高高兴兴地做自己的事情了。

可是，妈妈好像忘了对马佳的许诺，这让马佳很不高兴，但他想，也许妈妈最近比较忙，等过一段时间就会兑现对自己的承诺。

于是，马佳就再次向妈妈提出要求。

但是，马佳向妈妈要求兑现对自己的承诺时，妈妈又承诺下次。

马佳特别生气，认为妈妈不守信用，随便答应自己的要求，却总是反悔。

从此，他对妈妈指指点点，有时候答应妈妈做的事，也总是不及时或根本就不去做。妈妈批评他的时候，他不是不理，就是反击，常常说得妈妈哑口无言。

看到这种情况，你也许明白为什么孩子总是顶撞妈妈的原因。

妈妈言而无信，给孩子一个错误的信息，让孩子觉得大人可以随便许诺和随便反悔，自己同样也可以。

其实，在生活中，父母不要轻易许诺给孩子什么，但只要对孩子许诺，就一定要兑现。

我们早听过这样的故事：

我国古代有个人叫曾子，一天，他妻子要到市场上去，儿子也要跟着去，不让去就哭闹。曾子的妻子只好哄孩子说:“你听话在家里等着我，等我回来杀猪给你吃。”

等妻子从集市上回来，曾子正准备杀猪，他妻子连忙上前说:“你疯了，你怎么能杀猪呢？”

曾子说:“你不是说要杀猪给孩子吃吗？”

“我是和孩子说着玩的。”

曾子说:“对孩子是不能这样的，现在你欺骗他，不就等于教他欺骗吗？母亲不兑现对孩子的承诺，孩子将来就会不相信母亲，这不是正确的教育方法。”

后来，曾子还是把猪杀了煮肉给孩子吃。

第二种情况是，父母教育孩子是一套言论，而自己做的又是另一套。就像我们平常所说的“两面派”一样。

我们常在生活中看见这样的家长，教育孩子不要说谎，而转过头去就打电话给自己单位的领导，说自己有病不能上班，其实是办私事；还有的家长教育孩子好好学习，自己却从不看书，专好打麻将。

家长说一套做一套，会让不谙世事的孩子无所适从。随着孩子的长大，家长的行为会引起孩子的反感和质疑。

2006 年 12 月，武汉一名小学生写了一封《告家长书》，用意是呼吁父母言行一致。

信中写道：“你们常常教育我要有爱心，要爱护小动物，但上回在路上看到流浪狗，你们怎么一脚将它踢开……”在这封《告家长书》中，还列举了不少家长言行矛盾的例子：家长曾教育他要尊老爱幼，但在车上，每每他想让座时，却总被父母紧紧地摁在座位上；妈妈教育他要勤俭节约，但看到几百块钱的化妆品，想都不想就买下了。该学生说，以往父母在他心目中的形象很高大，是他崇拜的对象，但随着他长大，父母言行不一的矛盾表现破坏了他们的形象。“为了你们，还有你们的儿子，请你们注意言行一致吧！”文末，孩子这样劝道。

试想，如果父母要求孩子做到的，自己却做不到，孩子以后怎么会听从父母的教诲？言行不一的父母在孩子心中往往没有了威信，严重影响家庭教育的顺利实施，也影响父母在孩子心中的形象，影响父母和孩子之间的感情。

因此，为人父母者一定要注意自己的言行，在孩子面前做到言行一致，诚实守信。这不仅是为孩子留下好的形象，更是对孩子健康成长负责的做法。

第三种情况就是，父母在教育孩子时言行所表达的信息不一致。

比如，一面批评孩子学习不用功，考试成绩不理想，一面又埋怨老师教得不好，考试题出得太偏；一面安抚孩子失败不要紧，一面又羡慕那些成功的人；一面帮孩子整理书包，一面发牢骚：这么大了，书包还要我整理，以后自己做！等等。

父母的这些举动会让孩子迷惑不解，找不到正确的方向。

著名的卡尔·威特牧师是一位成功的父亲。他把有些先天智障的儿子小卡尔·威特，培养成了一个著名的天才。他在名著《卡尔·威特的教育》一书中，记录了这样一次经历：

在一次散步中，我发现了一件令人深思的事情。

在散步的过程中，邻居史密斯太太发现女儿的裙子被弄脏了，她立刻生气起来，开始冲着女儿大声责骂。看见女儿大哭以后，她又马上给了女儿一小块点心。

我问史密斯太太："您为什么要责骂女儿呢？"

"她总是这样经常弄脏自己的裙子。"史密斯太太这样回答。

"可是，您为什么又给了她一块点心呢？是为了表扬她的行为还是为了给她受责骂的补偿？"

史密斯太太哑口无言，她不知该如何回答。

这时，她的女儿也已经被弄得糊里糊涂，她也不知道为什么母亲会责骂她，更不知道挨骂之后为什么很快又得到了点心。

母亲这样的做法，让女儿弄不清是非，这对她的成长是相当有害的。

要教育好孩子，父母必须对事物的好坏有一个始终如一的主见。父母自己缺乏主见，言行不一是教育孩子的一大禁忌。

这三种情况在我们的生活中都很常见，也是我们应该认真反省的，不能让我们不知不觉的错误行为影响孩子。

（1）不要轻易许诺，许诺就要兑现。

孩子往往将父母的许诺当成誓言。假如你说明天带他去公园玩，可是你说完了又不算数，孩子就会非常生气，以后家长再说什么，要让孩子相信就很难。而大人的随意许诺会给孩子带来说话可以不负责任的负面影响。久而久之，孩子也会模仿。

因此，父母不要轻易对孩子许诺什么，除非是保证能做到的。家长所说的话都能兑现，才会在孩子心中有威信。

当然，这样做时，一定要区分孩子的要求是否合理。正当要求，家长要给予满足；不正当要求，要坚决予以拒绝，并说明理由。

（2）规范自己的言行，给孩子做出榜样。

我们父母是孩子的第一任老师，是孩子模仿、学习的对象。父母的言行举止、待人接物、生活方式甚至动作姿势，对于孩子的思想作风、生活习惯，都有很大影响。如果父母在这方面做得好，久而久之，潜移默化，就会使孩子受到良好的影响，促使孩子健康成长。

如果我们在孩子面前掉以轻心，放纵自己的行为，愿意怎么做就怎么做，不在乎孩子的感受，人前一套，人后一套，要求孩子做到的，自己却做不到，孩子就会受到负面影响。

（3）教育孩子时要有主见，不能随意改换自己的看法。

我们见到孩子做得不好，批评他们要讲究方法，但是不能因为孩子哭闹或者很难过就改变自己的意见。是孩子的问题，就要让孩子承担起责任，这有利于他们今后的成长。

5. 分数至上，孩子没有兴趣

虽然我国的教育制度一直在改革，但是父母们过于看重孩子学习成绩的做法一直没有改变。学习、考试、分数、大学，这些话题占据了亲子之间交流的主要地位。

有个孩子说："我爸爸和我说话只有一个主题，那就是学习成绩。他告诉我说，只要学习好，你提什么要求我都能满足你，成绩不好，一切免谈。"

许多家长在孩子放学后，首要的话题就是：今天你们有没有测验考试？考什么？班上最好的同学考了多少分？最差的呢？你考了多少分？排在第几？等等。

生活中，成绩好的孩子在家里就像是贵族，父母小心谨慎地"伺候"着，生怕孩子有一点不如意；而成绩差的孩子就像是犯了罪，得到的不是冷嘲热讽，就是挨打受骂。分数成了衡量孩子一切的标准。

一位六年级的学生曾在日记中写道：

记得小的时候，我第一次考到第一名，父母很高兴，带我去了"肯德基"。从此，我懂得了只有好成绩才能换得父母的奖赏。再大一些，我做了班干部，成绩一直很好，我发现成绩能带给父母最大的满足。

一次，我考砸了，我拿着一张"惨不忍睹"的卷子回到家，父母的笑脸突然沉寂了，他们的表情露出了疑惑。从此，在父母面前我失去了往日的欢笑。我发现：原来父母的爱和笑都是根据“我的分数”来变化的。又有一次，我拿着一张依旧让父母失望的考卷问爸爸：“你们还喜欢我吗？”父亲一脸怒气，突然给了我一记重重的耳光。从此我失望了，哦，原来分数才是父母最疼爱的孩子。

还有一个不满10岁的青海男孩夏斐，尽管他聪明好学，学习成绩优秀，一直是学校的三好学生，是一个老师和同学都喜欢的好孩子。但是他的母亲仍因他考试的分数没有达到自己的要求而经常打骂他。夏斐最后竟被自己的亲生母亲活活打死。这个悲剧令人震惊。一个聪明可爱的孩子，竟成了分数至上的牺牲品。

有家报纸，从所在城市分别选择了3所学校的各一个班级，进行了调查，调查的内容是：“孩子给大人的忠告。”这里所说的大人，包括父母、爷爷奶奶、外公外婆和老师，等等。

统计出来后，有一条忠告的支持者最多，这条忠告是这样写的：我知道成绩很重要，但请不要看得太重了。

有个孩子是这样表达这个意思的：请不要太看重我的学习成绩，重到如生命一样。

近年来，成绩已经逼迫很多孩子离家出走，甚至轻生自杀。

一个小女孩平时的成绩非常好，一心报考北京大学，可是高考成绩下来的那天才发现差了几分，落榜了，被北京另一所大学录取了。小女孩整天把自己关在房间里。有一天傍晚她和妈妈说，出去一会儿就回来，可是她再也没有回来。

后来她的父母才知道，那天傍晚，女孩把自己好好地打扮了一番，在公园的长凳上看太阳落山。当太阳落山的时候，她吃下了早就准备好的安眠药。幸好被巡逻的人发现了，送到医院。出事后，她的父母从女儿的书包里发现了许多诊断书，是不同医院开的，症状相同：头疼、失眠。那些安眠药是她一点一点攒起来的。

而她的父母竟然一点都不知道，她的爸爸总是说她，她很厌烦，不和父母说话……

几天后，女儿醒过来了。她见到父母的第一句话是：“你们为什么要救我？我迟早是会死的！”她的父母心都碎了，这时，才后悔自己的所作所为。

父母分数至上的思想有两个错误的根源：

一是认为只有学习好了，孩子才有出路。

现在社会上竞争激烈，对一个人的生存与成功要求很高，所以父母把希望寄托在孩子的学习成绩上。考上大学确实是成才的一种主要方式，但并不是唯一的方式。更何况，成才与一个人兴趣与志向有极大的关系。

许多事例证明，许多高分的孩子尽管考上了大学，但是由于缺乏自我管理的能力、心理素质差、适应能力差等，无法走向社会。

葛某，一个学习成绩优秀的学生，在北京大学计算机系的同届90多名学生中，成绩名列第三。后来，他被哈佛大学计算机博士班录取，并获得全额奖学金。就是这样一位具有优异成绩的高才生，却缺少社会适应能力，后来在哈佛校内图书馆四楼跳楼自杀身亡。

二是父母的虚荣心在作怪。

部分家长将孩子的考试分数作为在单位同事、亲戚朋友面前"露脸""争面子"的重要内容。若孩子得了高分，就感到光彩，有面子，很自豪。若分数不如人，则觉得脸上无光，认为自己的孩子没有教育好，出门矮人半截。

基于此，就出现了生活中，众多父母高高举起"分数至上"的大棒逼迫孩子的现象。

美国教育家斯宾塞曾经说过："身为父母，千万不能太看重孩子的考试分数，而应该注重孩子思维能力、学习方法的培养，尽量留住孩子最宝贵的兴趣与好奇心。绝对不能用考试分数去判断一个孩子的优劣，更不能让孩子有以此为荣辱的意识。"

铃木镇一是日本教育学家，他创办了世界著名的"才能教育研究会"，他的教育观念引起了世界范围的教育革命。

铃木上小学时，日本的升学竞争很激烈，所有家长和我们中国现在的家长一样，关心的是孩子的学习成绩，但铃木的爸爸对他却没有高要求，每门功课只要考60分就行了。

"60分怎么行？"儿子感受到身边你追我赶的局面，对爸爸的做法十分不解。分数像一座大山一样压得和他一样的学生喘不过气来。

"60分怎么不行？"爸爸反问道。

"60分就代表及格了，及格了就表示合格。你想想，工厂的产品合格就出厂了，既然你已经合格了，儿子，你没有必要全部的精力耗费在争名夺利上。考第二名非要争第一名,考 90 分非要争 100 分,一次 100 分不够,非要次次 100 分。儿子啊儿子,求知是人世间最大的欢乐,如果你成天想到的只是考试分数,那求知不就变成一种无尽的苦难吗?”

儿子突然浑身一轻,兴奋起来了。如果这样,自己岂不是成了特殊的“闲人”?所以,忍不住问道:“爸爸,这样学习太轻松了,空闲时间做什么?”

“你永远记住爸爸的话,其他时间用来博览群书,把求知的欢乐还给自己。”

在父亲的“英明”指引下,铃木在功课上花的时间不多,学习成绩中等。而读过的课外书是全班同学的十几倍。从中体验到学习的愉悦。

最后铃木成功了,轻松愉快地获取了其他同学梦想的成功。

铃木父亲的做法才是遵循了求学的最根本目的:培养孩子的求知欲。可见,孩子成绩不好,不能只是一味地责怪和打骂孩子,而应该和气地跟孩子交谈,让孩子说出自己的想法,父母则从中了解孩子的兴趣到底在哪里,然后,再根据孩子的兴趣进行引导。只要从孩子的兴趣入手,每个孩子都能够找到自己的擅长点,充分挖掘自身的潜能,从而实现人生的价值。

那么平时我们该怎样做呢?

(1)用平和的心态面对孩子的成绩。

孩子的学习成绩只代表他最近一段时间的学习情况,不代表将来,也不代表所有。家长可以利用成绩,了解孩子的学习状况，帮助孩子找到进步的方向，激发孩子继续学习的兴趣，让孩子在学习中体验到快乐。同时要客观、理智地看待孩子的成绩。对孩子的期望值要符合实际，符合孩子的智力发展、心理发展规律，不对孩子提出过高或不合理的要求，要有一颗只要求孩子做到“良好”的平常心，一份朴素、朴实的爱子之情。

（2）看重成长，而不是成绩。

家长过分看重成绩是受功利主义的影响，与此同时，却忽略了孩子最重要的“成长”。这是本末倒置。

成绩只是一时，成长才是一生。而教育的最终目的，是让人一生得到发展，一生愉快成长。在教育目标上，我们必须指向孩子一生的快乐幸福，而不是短暂的心理满足。

6. 迁怒孩子，孩子不知所以

陈然是一名小学四年级学生，今天在班里“百词听写”的比赛中得了满分，听老师说，还要在后天召开的家长会上发奖品，陈然心里美极了。

放学回到家，看到爸爸正在客厅里抽烟，就兴高采烈地跑到爸爸身边说：“爸爸，后天我们学校召开家长会，你和妈妈谁去呀？”爸爸阴着脸没有说话。

陈然继续说：“爸爸你去吧，到时候，可有好消息。”

爸爸挥挥手，不耐烦地开了口：“去去去，一边去，有什么事找你妈去。”

陈然一听愣住了，小声嘟囔说：“干什么呀，我又没惹你。”

谁知，爸爸听到了陈然的话，立刻发火了：“滚开，再贫，我就抽你。”

吓得陈然一溜烟儿地跑回了自己的屋，一个晚上也不敢和爸爸说话。

原来，当天下午陈然的爸爸在公司里，和客户发生了争执，面对盛气凌人的客户，他实在忍不住与对方在大庭广众之下争吵起来。结果被公司的经理看到了，挨了批评不说，还命令他明天亲自去给客户道歉。

陈然的爸爸回家后,越想越生气,明明自己有理,还要登门给人家道歉,这口气真是难以下咽。没想到这时候儿子过来和自己说话,其实孩子说了什么,他根本就没有听清楚,就把孩子骂跑了。

过了几天,陈然的爸爸气消了,才发现儿子这几天不怎么和自己说话,忽然想起来那天自己的失常表现,心里也是懊悔不已。

现代人工作压力都挺大,有时候,各种烦恼事接踵而来,自己的情绪就会受到影响。有些父母在外面受了气,回到家对孩子便没有好声气,甚至拿孩子当出气筒,闹得家里乌烟瘴气。

往往孩子都不知道发生了什么事,就遭受了"池鱼之殃",挨了父母的责骂。在这种情况下,孩子只好忍气吞声,敬而远之,自己有什么事自然也不敢说出口。

一位专门从事青少年心理咨询的老师说:"家庭矛盾是导致很多孩子心理有障碍的重要原因。有的孩子因父母情绪不好,不愿也不敢与他们沟通,有什么心里话宁可说给心理老师听。而家长还反过来抱怨:'这孩子怎么和我一点也不亲呢?'"

美国一家科研机构调查表明:有37%的孩子觉得他们的父母在一天的工作之后脾气很坏。12岁的山迪说:"爸爸劳累一天之后就拿我和弟弟撒气,哪怕是一丁点儿事情,比如打电话声音大了点,他都会冲我们大吼大叫。"父母这样做会严重影响亲子之间的关系。

父母要意识到,孩子与自己工作的事毫无关系,迁怒于孩子是不对的。

别把孩子当出气筒。也许你事业失意，也许你生意失败，也许你工作上不顺利，让你很受伤、很痛苦，有时感到人生的厌倦、感到人生的悲观、感到心情的沮丧，这个时候你要明白，这些并非因为孩子的影响，这些只是暂时的困难。千万不要对着孩子出气，更不要因此打骂孩子。

父母情绪化的表现对孩子心理和性格的影响极坏。

当看到父母无缘无故地发脾气，孩子的直接反应是以为自己犯了什么错误使父母如此生气。结果思来想去，孩子被弄得莫名其妙，好像自己什么错事也没做，即使有点小错误，也不至于招来父母的打骂，所以备感委屈。天长日久，孩子的心理就会出现阴影。多次无辜被父母迁怒，孩子会不信任、不服从父母，亲子之间交流的渠道就会被彻底堵死，到时候父母后悔都来不及。

此外，孩子的行为方式相当大程度上受父母的影响。从孩子记事开始，对无缘无故发脾气的父母，孩子会产生困惑和焦虑的情绪；父母反复无常的行为和表现，会让孩子提心吊胆，缺乏安全感。当面对一些性情暴躁的父母，有些孩子会因此变得剑拔弩张、咄咄逼人，不但在家里如此，在外面对待其他人也如此；有些孩子则会采取一些相反的策略：变得过度胆小、懦弱、羞怯，而且急于取悦他人，为讨好他人而出现一些偏差行为。

所以，父母面对孩子时，要善于控制自己的行为。不要把坏情绪带回家，在进家门前就把它消化掉。

（1）父母应学会调整自己的心态及情绪。

一定不要把家庭以外的不良情绪带入家庭中来。可以深吸一口气，告诉自己：现在是下班时间，要和家人愉快地度过；或者在下班前看一些小笑话，调节心情，确保孩子看到的是笑容。

（2）如果控制不住自己，就要避开孩子。

当父母感到自己的压力与烦闷需要寻找发泄的出口，就要想办法避开孩子，外出找朋友聊聊天，或者做些运动，稍微平静再回来。总之，不要把气发到孩子身上，这样对孩子、对父母都好。

（3）如果父母对孩子发了脾气，事后就要及时跟孩子沟通。

一旦不应该发生的事发生了，父母要明确向孩子承认自己的过错，让孩子得到安慰，缓解孩子的委屈心理。

7. 无暇顾及，孩子缺少关怀

现在生活和工作的压力越来越大，很多父母整日里在外奔波，无暇顾及孩子的学习和成长。有时候，父母加班回来，孩子都睡了，等父母起床时，孩子早就上学去了，虽然天天生活在一起，可是见面的机会却不多。

好不容易盼到父母在家，孩子兴奋地想和父母说些自己感兴趣的事，却总被父母以自己很累很忙为理由冷漠地拒绝，“没看见我很累吗？你的事回头再说吧。”让孩子郁闷不已。

当孩子要求父母多陪陪自己，带自己出去玩玩的时候，父母还常常对孩子说：“我每天都要为你出去挣钱，都没有时间休息，哪有时间陪你呀。”父母这样说，好像完全是孩子拖累了自己，把责任一下子推给了孩子。

多数家长补偿孩子的办法有这样几种：给孩子钱，给孩子购买奢侈品，或者给孩子请保姆或家教。以为这样就可以满足孩子的需要了，但是事实是这样的吗？这恐怕还需要孩子说了算。

有对夫妻开了一家公司，工作忙得不可开交，孩子生下来就由爷爷奶奶带着。后来爷爷奶奶年龄大了，孩子上学后就接到了身边。为了照顾孩子，请了保姆，专门照顾孩子的生活起居。可没过多久，保姆就辞职不干了，说孩子难带。接着又连续找了两个保姆，都是同样的结果。

怎么回事呢？爷爷奶奶说孩子在老家时很听话的。父母决定和孩子好好谈谈。

“儿子，保姆做得不好吗？”

“很好！”

“那为什么要故意难为她们呢？”

“为了你们能陪着我。从爷爷奶奶家回来后，你们陪过我几天啊？总是说‘忙’‘忙’，钱对你们就那么重要吗？每当看到同学都是爸爸妈妈接送上学，我就想我的爸爸妈妈呢？你们既然没有时间陪我，生我干吗啊？”

父母听了后，流下了内疚伤心的泪。

孩子的要求多么可怜啊！教育应该是一种心与心的感应，让孩子在心灵上得到温暖，在心灵的碰撞和感动中获得成长。让孩子感应到你真的很在乎他，他就不会让你失望。

再多的钱、再好的物质条件也无法替代父母与孩子的情感交流。无论父母多忙，都要抽出时间来陪陪孩子，与孩子多做一些亲子沟通。

（1）必须多陪陪孩子。

关于这一点，2010年当选为英国新任首相的戴维·卡梅伦和副首相尼克·克莱格用自己的行动为我们做出了榜样。两人因为都想送孩子去上学，于是便推迟了每天内阁例会的开始时间。

据报道，虽然公务繁忙，但英国首相希望通过灵活安排工作时间来尽可能过“正常的家庭生活”，好跟6岁的女儿南希以及4岁的儿子亚瑟待在一起。“只要条件允许，戴维每周至少一两次要亲自送他们上学。由于工作和生活都在唐宁街，他也几乎天天在孩子睡觉前去看看他们。”

自由民主党领袖尼克·克莱格也认为当好国家领袖和父亲并不冲突。克莱格的妻子玛丽安是位非常能干的律师，“虽然两人商量好玛丽安主内尼克主外，但他对孩子的教育非常重视”。克莱格不允许属下在他跟家人相处时进来打扰，还坚持步行送3个儿子去上学。他也经常推掉不必要的晚宴邀请，好按时回家哄孩子睡觉。

这则新闻报道给了我们很好的启示：我们再忙，难道比首相还忙吗？事情再重要，难道比内阁例会还重要吗？每个父母都有义务陪孩子，用心去和孩子相处，让他们感受到父母的关怀。

为此，北欧四国制定了一条法令，叫亲子法。在瑞典，孩子出生以后，国家给予其父母假期，所有费用由国家进行补贴。瑞典的父母可以享受两年的假期，挪威是三年。从前，在瑞典，孩子出生后，母亲回家照顾孩子，很多父亲不回家。于是瑞典补充了法律——父亲必须回家照顾孩子至少半年，否则强制执行！有一段时间，常见到警察把很多穿着西装打着领带、文质彬彬的人押送回家；然后，警察还在门口监督他们的行踪，确保他们真的在家看孩子！现在，这些国家的父亲们已经养成这种习惯了。

对于父母来说，没有比孩子成长更重要的事了。

(2)让孩子做谈话的主角。

父母好不容易抽出时间和孩子在一起,就应该认真倾听孩子的诉说,不要心不在焉,或者手头忙着做一些其他的事情。否则很容易让孩子觉得父母不重视自己。

另外不要开口就问孩子的学习成绩,或者没完没了地讲一些大道理,让孩子烦不胜烦。要重点关心孩子的情感,认真回答他们的问题,密切亲子之间的关系。

(3)利用好每天的早晨。

工作忙的家长和孩子在一起的最多的时间段就是早晨了,所以我们要充分利用,尽量安排好时间,不要慌里慌张,要提前给孩子做好早餐,说一些鼓励孩子的话,让孩子的一天在愉快中开始。

(4)多安排一些亲子活动。

不要因为工作很累,而放弃周末或假期带孩子外出的安排。在轻松的旅游活动中,父母与孩子最容易交谈沟通,提升感情的亲密度。所以,多安排一些这样的活动,哪怕就是小区附近的街心公园,也要和孩子去散散步。

第六章 rang haizi xuehui qingting 让孩子学会倾听

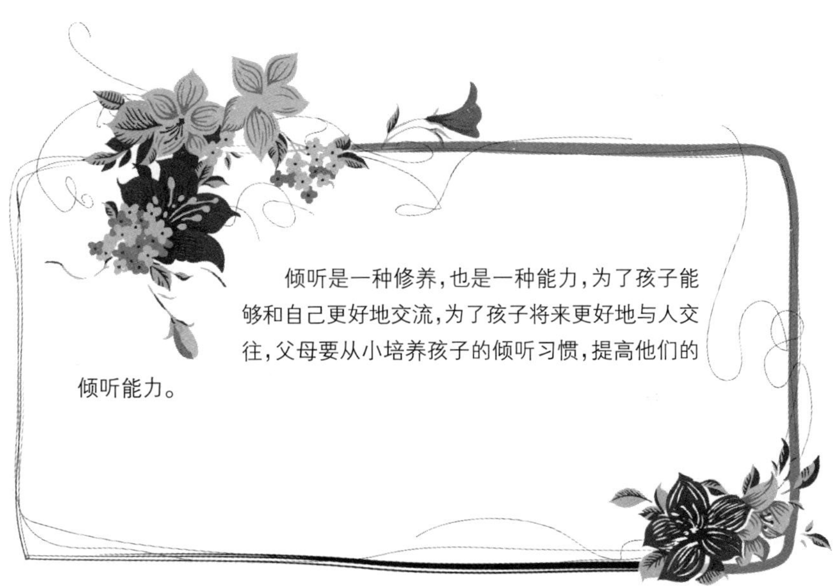

倾听是一种修养，也是一种能力，为了孩子能够和自己更好地交流，为了孩子将来更好地与人交往，父母要从小培养孩子的倾听习惯，提高他们的倾听能力。

1. 良好的倾听习惯很重要

王梁的父母明天要随单位外出，虽然王梁已经上初二了，但是家长还是不放心他一个人在家。

晚饭时，妈妈叮嘱孩子说："午饭我给你做好，你中午回来热一下就好了，但是一定要把燃气灶关好。听见没有？"

王梁边吃饭边看电视，随便地点了点头。

"还有就是，我们明天出门较早，你锁好门一定要把钥匙带好，不要像上回似的回不了家。"

王梁这时候正看到精彩之处，哈哈大笑起来，气得妈妈起身把电视关了，瞪着孩子问："我的话你听见了没有？"

王梁不耐烦地说："听见了，听见了。"

然后低头把饭吃完就回屋写作业去了。其实妈妈说什么他根本没听见。

第二天父母很晚才回来，到家一看，王梁正在家门口坐着，原来钥匙又丢了，中午饭只吃了一包方便面。父母是又心疼又生气。

许多孩子，在生活中没有良好的倾听习惯，严重影响了亲子之间的谈话效果，令家长很头疼。

这些坏习惯主要表现在以下几方面：

一是心不在焉、左顾右盼。

像例子中的王梁在听家长说话时，根本就没有认真的态度，一番无关己事的态度。

二是打断父母的讲话。

孩子可能有时会急着说一些事情，不管父母在说什么，也不征求父母的同意，就随意打断父母的话，而且不能忍受父母不理会他。

三是装作没有听到父母说的话。

尽管父母不断给孩子重复或提醒，但是孩子就是装作没听见，该做什么还做什么，最后，渐渐地发展到不理会父母说的话。

四是态度轻浮。

父母说话时，孩子边听父母说话边做鬼脸，或者表现出满不在乎的态度。

这些坏习惯如果得不到及时的纠正，孩子的倾听能力不会提高。如果走上社会，还会有不良的后果。因为这些表现不但是对别人的不尊重，而且也影响了自己对信息的接收。

父母在生活中，发现孩子这些不良习惯时要随时随地予以纠正。要让孩子懂得学会倾听是一个人好的教养的表现，是一种美德，绝不可以轻视。

（1）学会耐心等待。

告诉孩子，不管自己有多急的事情，都要耐心听别人把话讲完，不要随意打断别人讲话。在孩子打断父母讲话时，我们要让他坐下来，保持安静，父母把话说完后再去询问他。让他明白打断父母的话，他也不能达到目的。

（2）一定要让孩子意识到自己的行为是不当的。

孩子不专心倾听讲话或态度不端正时，父母要明确地告诉他，这种行为表明他不喜欢父母所说的话，父母可以停止跟他说话并走开，等他态度变好的时候再跟他说话。

（3）引导孩子多交朋友，在伙伴中养成良好的倾听习惯。

许多孩子不喜欢听父母说话，却喜欢与伙伴打成一片，父母可先引导孩子学会倾听伙伴们的意见，然后，父母再慢慢加入到孩子和他的伙伴们中，让孩子愿意接受父母，从而愿意倾听父母的话。

（4）孩子的倾听习惯有所改善时，要予以表扬。

当孩子学会倾听时，我们一个小小的夸奖，就是孩子继续保持好习惯的动力。所以，请不要吝啬对孩子的表扬，时间长了，孩子就会养成尊重他人的好习惯。

2. 父母要做孩子的倾听榜样

任何时候，父母都不要忽视自己的榜样作用。

父母有效地倾听孩子的述说，不仅能走近孩子、真实地了解孩子的内心世界，而且还会给孩子树立一个倾听的榜样，从而有助于发展孩子的倾听能力。

思雨回到家看到妈妈在厨房里择菜，就跑进去说："妈妈，我讨厌上学，因为全班的同学都欺负我。"

"全班的同学都欺负你？"妈妈放下手中的菜，认真地重复了一遍思雨的话。

思雨委屈地说："对啊！我跟张欣悦借橡皮擦，她都不肯借我。"

妈妈说："这让你在全班同学面前很没面子吗？"

思雨接着说："肖烈和我比赛跑步输了，就说我偷跑。其实我根本没有偷跑。"

妈妈很关心地说："嗯，还有呢？"

"老师叫我去办公室核对成绩表，他们就说老师偏向我。"思雨接着诉苦。

妈妈没说什么，只是会意地点点头。

"还有，每次我的作业全对，被老师表扬，我的同桌就说我抄袭了。"

“那怎么办？全班的小朋友都在欺负你。”妈妈询问孩子。

“其实……也没有啦……不是全班啦……”

“有一半的同学在欺负你？”妈妈接着问。

“也没有那么多啦！”

“至少有十个同学欺负你吧！”

“哪有？这次班上全数通过，我当选模范生呢！”

“哦……”妈妈沉吟不再说话。

“其实就只那几人！因为他们嫉妒我的功课比他们好！可是……也还好啦！上次他们还请我吃冰淇淋，有一次我脚痛，我的同桌还帮我打午饭呢！”

妈妈见思雨的情绪发泄完了，就对思雨说：“那好，你去写作业去吧。”

思雨高高兴兴地去写作业了。

倾听是良好沟通的开始，父母要给孩子做出好的榜样。

孩子喜欢父母表现出对他一心一意的关注，最起码能做到短时间内对他的专注。因此，你可以把手中要做的事情先放一放，挤出一些时间和孩子坐在一起，看着他，问问他今天有什么高兴的事儿或者不高兴的事儿，然后认真地倾听孩子说话，就像世界上不再有其他任何要紧的事引起你的注意了。你的这些举动使你的孩子知道你确实有时间和有兴趣倾听他的故事。

但我们经常看到孩子兴冲冲地想跟父母谈一些事情，父母却都总是忙着做其他的事，叫孩子等会儿再说，或者当孩子诉说一件委屈的事时，父母一听就发火、责骂，根本不去了解真正的缘由。久而久之，亲子之间的沟通就会发生问题。

我们怎样做，孩子就会怎样做。当我们轻视孩子的需要，打断了孩子的陈述，没有做到耐心倾听，更没有做到用心倾听之后，孩子就会效仿我们的行为，以为和别人谈话时，插话和心不在焉是很正常的事情。

所以说，孩子的倾听能力差和父母的负面榜样有很大的关系。

那么该怎样给孩子做出榜样呢？

（1）孩子说话时，保持安静。

在孩子谈话时，尽量不要插嘴，不要随意打断孩子的话，保持安静，直到孩子把话说完。

（2）倾听时要专注。

在倾听过程中，不要为别的事情分心，暂时把手里的活停下来，不要眼睛看书或盯着电视显出心不在焉的样子。

（3）听孩子诉说时，给予回应。

在倾听孩子谈话的过程中，用简单的诸如“太好了”！“真是这样吗？”“我跟你想的一样。”“你的想法太好了，请继续说！”等话语来表示你的兴趣。也许你会发现，不论孩子的话题多么简单，如果你表现出有兴趣的姿态，那么兴趣也会自然而然地产生出来。如果你总是沉着脸，一言不发，一副漫不经心的样子，就会令孩子十分失望，慢慢地，他也会养成什么事都不关心的毛病。孩子从小没有感受过自己语言的魅力，必定会对自己的语言表达能力失去应有的信心。

(4)对孩子的话复述和释义。

在孩子说完一个内容或话题后,引用他原话中的一些关键词句对孩子做出复述性的回馈,如:“你刚才说老师不喜欢你,是因为你的成绩不好?”或对他的话做出简明扼要的归纳性释义,如:“你是说你的自由时间太少了,想让我们调整对你学习时间的安排,是吗?”这些复述或释义的技巧不仅有助于父母确定没有误解孩子的意思,还可以反馈给孩子这样的信息:我的父母很认真地在听我的谈话,父母在努力理解我,我可以把我的想法进一步告诉他们。

(5)时刻保持冷静。

父母保持冷静是保证倾听能够顺畅进行的一个必要条件,如果孩子谈话中的内容和观点你无法接受,或者孩子说的话误解或冒犯了你,请不要马上辩解或反驳,更不要恼怒。如果感觉自己的情绪要失控,做几次深呼吸,实在坚持不住,可以很正式地告诉孩子,暂时中断谈话,你会找时间让孩子把话说完。

3. 主动倾听，获取想要的信息

倾听不是被动地接受，而是一种主动行为。倾听不完全是被动的行为，倾听者不是机械地“竖起耳朵”。在听的过程中脑子要转，不但要跟上倾诉者的故事、思想内涵，还要跟得上对方的情感深度，在适当的时机提问、解释，使得会谈能够步步深入下去。

倾听者要积极配合讲话者才能获得最佳的倾听效果，就像电视节目主持人采访嘉宾一样，虽然是嘉宾在说，主持人和观众在听，但是关键时刻，主持人要提出问题，引导嘉宾说出自己关心的内容。如果一味地听，任由嘉宾自己坐在那里说，时间一长，说的人和听的人就没有了兴趣。

一位孩子的妈妈说：

我家孩子以前很爱跟我说话，但是，现在他却不太跟我说话了。

以前，每当我下班回到家的时候，孩子就会跑到我面前问：“妈妈，你下班了？”我总是不耐烦地说：“是呀！”

在我看来，孩子好像除了问这个问题，不会再问其他的了。也许是我不耐烦的态度打击了孩子的积极性，孩子渐渐不爱跟我说话了。

这是因为妈妈倾听孩子时不够主动，慢慢地磨灭了孩子诉说的愿望。

主动倾听不是单一地接受别人的说话,而是要积极地去寻找对方的情感、思想、观点,以便达成沟通的最佳效果。

所以,教会孩子主动倾听很重要,是发展孩子倾听能力的重要一步。

主动倾听包含几个重要的因素:

一是尊重对方,激发对方的诉说愿望。在对方说话时,保持开放的心态,愿意倾听对方说话。

二是掌握主动倾听的技巧。比如积极提问,或者时刻注意对方说话时的情绪等等。

三是作出反馈,表达自己的思考和观点,引导对方交流。

如果孩子掌握了主动倾听的方式,在听父母谈话时就会成为积极的倾听者,这种能力的培养对孩子以后走上社会,参加工作都有益处。美国教育学家布拉德·斯马特说:"许多人终其一生都没有学习过积极倾听,从而导致一生都和他人沟通困难。有的人听别人讲话时眼神呆滞空洞,或者打断对方说:'哦,我也碰见过这样的事!'然后就开始讲他自己的故事。几乎没有人愿意与这样的人打交道。"

在生活中,我们如何促进孩子成为主动的倾听者呢?

(1)让孩子表现出倾听的兴趣。

任何人面对没有表情的呆板的倾听者都会缺少讲话的激情,而专注的眼神,不停地回应……这些积极倾听的表现,都会勾起诉说者的表达欲望。这也是一个主动倾听者的首要因素。所以,孩子在倾听父母或者他人谈话时,要有主动倾听的愿望和兴趣。

（2）对孩子讲话不要总是重复。

有些父母对孩子不放心，一件事总要反复讲几遍，这样孩子就习惯于一件事反复听几遍，不会养成主动倾听的习惯。如果父母一件事只讲一遍，孩子就会认真倾听，听不明白时就会主动提问。

（3）让孩子学会在倾听时提问。

大部分孩子天生就是问题专家，他们喜欢不停地问父母，但是，也有些孩子由于性格文静，不喜欢提问题，有些孩子则是因为父母不太回答自己的问题，而渐渐养成了不提问的习惯。对待这些不爱提问的孩子应该怎么办呢？父母要教给孩子提问的方法，主动把自己倾听时不明白的问题提出来。

比如，父母在交代孩子什么事情后，要问一问孩子还有什么没听清楚，让他们提出来。给孩子解答完后再告诉孩子以后要主动提问。

4. 用心去听，培养同理心

那是一个圣诞节，一个美国男人为了和家人团聚，兴冲冲地从异地乘飞机往家赶。一路上幻想着团聚的喜悦情景。恰恰老天变脸，这架飞机在空中遭遇猛烈的暴风雨，飞机脱离航线，上下左右颠簸，随时随地都有坠毁的可能，空姐也脸色煞白，惊恐万状地吩咐乘客写好遗嘱放进一个特制的口袋。这时，飞机上所有人都在祈祷。也就是在这万分危急的时刻，飞机在驾驶员的冷静驾驶下终于平安着陆，于是大家都松了口气。

这个美国男人回到家后异常兴奋，不停地向妻子描述飞机上遇到的险情，并且满屋子转着、叫着、喊着……然而，他的妻子正和孩子兴致勃勃地分享着节日的愉悦，对他经历的惊险没有丝毫兴趣。男人叫喊了一阵，却发现没有人听他倾诉，他死里逃生的巨大喜悦与被冷落的心情形成强烈的反差，在他妻子去准备蛋糕的时候，这个美国男人却爬到阁楼上，用上吊这种古老的方式结束了从险情中捡回的宝贵生命。

倾听不是单纯地给对方一对耳朵，而是带着理解和尊重，用心去倾听，表达自己的关爱，要能够理解对方的情感。这种感情注入的倾听方式在形成良好人际关系方面起着极其重要的作用。

那位美国男人的妻子没有做到用心去倾听，所以导致了悲剧的产生。

美国著名的主持人林克莱特在一期节目上访问了一位小朋友，问他："你长大了想当什么呀？"小朋友天真地回答："我要当飞机驾驶员！"林克莱特接着说："如果有一天你的飞机飞到太平洋上空时，飞机所有的引擎都熄火了，你会怎么办？"小朋友想了想："我先告诉飞机上所有的人绑好安全带，然后我系上降落伞，先跳下去。"

当现场的观众笑得东倒西歪时，林克莱特继续注视着孩子。没想到，孩子的两行热泪夺眶而出，于是林克莱特问他："为什么要这么做？"孩子的回答透露出了他真挚的想法："我要去拿燃料，我还要回来！还要回来！"

正是因为主持人林克莱特用心去倾听孩子，才没有像其他人那样，不等孩子说完就笑话孩子。

实际上，在人际交往中，孩子不仅仅要与父母沟通，还要与他人沟通，所以倾听很重要。孩子不仅应该理解他人的情绪，还必须感受和体验他人的情绪。因此，父母要教育孩子在别人愉快的时候与他分享快乐，在别人痛苦、失落的时候与他分担痛苦和失落，这种用心与人交往的表现必然会赢得他人的好感。

（1）父母注重日常与孩子的沟通，加强情感交流。

重视与孩子情感和心灵的沟通，需要父母注重平时的点点滴滴，让孩子多与自己接触，通过谈话、活动等形式加强与孩子的情感交流，这样做会让孩子体会到情感交流的重要性，自觉地在倾听时体会父母的情感变化。

（2）培养孩子的同理心，避免情感误读。

据说古时候，有一位县太爷，邀请驸马与员外一起饮酒作乐。此时，外面下起了鹅毛大雪，不多时，便白茫茫一片。县太爷酒一下肚，诗兴大发，提议以“瑞雪”为主题，三人来吟诗作对。

驸马听后，马上有了灵感，举杯说：“白雪纷纷落地。”

县太爷一听，太简单了，立刻应声对句：“此乃皇家瑞气。”

员外肚中虽没有多少墨水，但也摇头晃脑吟道：“再下一年何妨？”

此时，只听见窗外传来一个愤怒的声音：“放你娘的狗屁！”原来外面有一乞丐，正冷得瑟瑟发抖呢！

乞丐因为与县太爷等人处境不同，一穷一富，一冷一暖，自然心理反应也截然不同。

同理心，简而言之，就是感觉别人的感受，即将心比心，设身处地地替别人着想。在家庭教育中，父母与孩子由于处于不同的年龄、不同的位置、不同的角度，常常会有不同的心理反应与心理感受。如果要互相理解、沟通良好，就要学会换位思考，培养“同理心”。否则就会如上例那样造成误解、冲突乃至对抗。

在倾听别人时，同理心很重要。只有与对方具有同理心，才能更好地理解对方要表达的真实情感，读懂他的内心。

孩子在倾听父母说话时，能具备同理心，就能避免双方内心的解读发生错误。

5. 有意识培养孩子的倾听能力

倾听是孩子感知和理解语言的行为表现。倾听能力在现实生活中运用非常广泛，大到听演讲报告、欣赏音乐等，小到与他人的谈话，处处需要倾听能力。而倾听能力的强弱直接影响孩子对知识技能的接受和掌握能力。有些孩子注意力极易分散，对大人一些要求和指令不能马上做出反应，究其原因，很大程度上是因为父母忽视了对孩子倾听能力的培养。

培养孩子的倾听能力并不难，也不用耗费很多时间，只要有意识地去做，随时随地都可以。

许多父母认为倾听能力是与生俱来的，没有必要培养。平常只是父母说，孩子听，遇到孩子插嘴或不专心倾听则训斥、责备孩子，训斥、责备的方式会使孩子失去倾听的欲望和兴趣，会变得不爱倾听或不会倾听。

还有一种极端的表现就是父母以孩子为中心，认为插话等是孩子自信、能干的表现，往往过分顺着孩子的意思，以致使孩子愈加不会倾听。

所以，父母必须从小注意培养孩子的倾听能力。

只要父母增强这方面的意识，就会取得相应的效果。

比如，给孩子讲故事是培养孩子倾听能力最常见、最有效的办法之一。

大多数父母在孩子小的时候都会给孩子讲故事,但是却没有有意识地培养孩子的倾听能力。如果只是父母一味地讲,孩子被动地听,把讲故事当做哄孩子的方法,听与没听不在意,听多听少不在意,那么对于培养孩子的倾听能力的帮助是有限的。

如果在讲故事时,父母有意识地运用一些方法,那么对孩子的帮助就很大。

例如,父母可以在讲故事的时候有意地停顿一下,问一个小问题,观察孩子是否在认真听;或者利用接龙的方法,你说上半句,让孩子说下半句,这些都是比较好的方法。如果孩子的年龄稍大,我们还可以让孩子复述一下父母刚才讲的故事给别人听。

父母在日常生活中有意识地去培养孩子的倾听能力。训练的方式很多,父母只要抓住一点就可以,那就是引起孩子的兴趣。

在孩子的成长过程中,好玩、好动是孩子的天性,也是孩子身心发展的一个阶段,为此,家长可以用按指令行事的方法来发展孩子的倾听能力。如:要求孩子听指令做相应动作;在日常生活中交给一些任务,让孩子完成,以锻炼孩子对语言的理解能力;让孩子根据某种音乐或节奏等,一边看着大人的手势,一边来完成某些动作或相应的行为等。

一位幼儿园老师通过"说新闻"和"悄悄话"两个活动,很好地调动孩子倾听的积极性,提高了孩子的倾听能力。

这位老师在每天吃完早饭后,都会让孩子一起来"说说有趣的新闻”。这是她给孩子们布置的“家庭作业”：每天晚上看新闻，第二天早饭后选择自己认为最有趣的新闻来说给大家听。

为此老师还特意设置了一个奖项，奖励那些说得好的孩子。结果，孩子们“说”的兴趣日益高涨，倾听的能力也得到了较好的发展。因为只有晚上听得好，才能在第二天早上说得好。

“悄悄话”活动在孩子们午睡前的短短5分钟里进行，为的是在睡前安抚孩子们的情绪，让他们尽快平静下来，同时也能培养他们的倾听能力。

每天老师轮流请5个孩子分别和自己说一句悄悄话，然后由孩子自己来表演哑语，用动作和口型来让大家猜他给老师说的是什么悄悄话。一个孩子在表演的时候，其他孩子们都看得特别认真仔细，就怕错过了一个字，这个时候教室里也变得安静起来。孩子们都很喜欢这个小游戏，他们把它当做了一个安静的游戏，在这个游戏里，每个孩子都体验到了分享和倾听的乐趣。

培养孩子的倾听能力，家长也可以像这位老师一样就地取材，听故事、听新闻、听别人讲话都可以，同时遵循从易到难的原则，从听一句话到听一段话再到听一件事，逐步提高孩子的倾听能力。这对于亲子之间的沟通很有益。

(1)选择孩子比较感兴趣的方法。

孩子的注意力时间短，意志品质又不强，所以设计活动时，最好选择孩子感兴趣的，这样一开始就可以吸引孩子，效果比较好。带有游戏性质的“传话”等一般都可以选择。

（2）家长要有耐心。

让孩子听讲故事，一定要让孩子把故事复述完整，故事没有讲完，家长就不要随意插话，更不能强行中止。父母要耐心地当个好听众，这样会使孩子对自己的语言表达建立信心，同时也会养成孩子专心倾听别人说话的良好习惯。

（3）明确倾听的具体要求。

比如告诉孩子倾听时要做到“五心”：一要专心，要听清楚别人说的每一句话，脑子里不想其他事情；二要耐心，不随便插嘴，要听完别人说的话，才发表自己的意见；三要细心，当别人的发言有错时，可以在听后提出自己的想法；四要虚心，当别人提出与自己不同的意见时，要能虚心接受，边听边修正自己的观点；五要用心，在听取他人意见时不能盲从，要有选择地接受，做到“说”“听”“思”并重。

最后，在“听”的训练与培养中，千万不要吝啬你的赞扬，赞扬能让孩子品尝到成功的喜悦，获得成功的满足感。在一次次的肯定下，孩子倾听的兴趣就会增加，这有助于培养其用心倾听的好习惯。

让教育更轻松——父母必知的 66 个心理效应

（本书入选 **2009** 年全国农家书屋）

（本书中文繁体版权已卖给台湾地区）

父母改变 1%，教育效果提升 100%

教育孩子，从“心”开始

本书从有效学习、快乐交往、批评与赞扬、好心态、好习惯、好品格等六个方面入手，精选了非常实用的 66 条教育心理效应，结合事例剖析，指出实用技巧，帮助中青年父母们提高心理学方面的素养，采取最适当的手段，避免无谓的失误，轻松教育孩子，引导孩子健康地成长。

2009 年 7 月第 1 版第 1 次印刷
2010 年 2 月第 2 次印刷
2010 年 4 月第 3 次印刷
2010 年 6 月第 4 次印刷

定　　价：21.50 元
购书热线：(027)83666062

教育的分寸

教育的艺术就是分寸的艺术。教育成功的父母都是善于把握教育分寸和尺度的人。为什么同样是批评孩子，有的做法能够让孩子心服口服，有的做法没有效果，而有的做法引发孩子的强烈反抗？为什么同样是爱孩子，有的做法让孩子对父母怀有强烈的感恩之心，有的做法让孩子忽略了父母的辛劳，而有的做法甚至让孩子心生埋怨……本书从爱、赏识、批评、期望、独立、亲子交流、消费、异性交往、社会适应等九个方面引导家长掌握家庭教育的分寸与尺度，提高家庭教育的技巧，取得教育的成功。

2010 年 6 月第 1 版第 1 次印刷

定　　价:21.00 元
购书热线:(027)83669010

让孩子赢在好性格

爱因斯坦曾说：“智力上的成功很大程度上依赖于性格的伟大。”一个人一生成就的大小，起决定因素的是他的性格。良好的性格是孩子一生巨大的“内驱力”，在艰难坎坷、困难重重的人生旅途中，只有那些性格坚强、乐观、自信、一往无前、勇于创造和耐得住寂寞的人，才有希望到达成功的彼岸。

良好的性格也是孩子人生幸福的重要保障。本书从耐挫力、责任心、感恩心、高情商、阳光心态、悦纳自我、悦纳他人等七个方面详细阐述了孩子良好性格的培养方法，既讲解分析了其中的道理，又提供了切实可行的教育措施。

2010 年 8 月第 1 版第 1 次印刷

定　　价:21.00 元
购书热线:(027)83661990